テレワークの「落とし穴」とその対策

はじめに

本書の内容はタイトルの通りだが、さらに補足してキャッチコピー風に形容すれば、「テレワークのトラブル、不安、その解消策を探った小事典」、あるいは「コロナ・テレワークの中間報告」といったところである。たかだか200ページの本なのに、「事典などと図々しい」と思う人もあろうが、あくまでもキャッチコピー風なのでご勘弁いただければ幸いである。

それはさておき2020年の春、日本の企業、社員は、「新型コロナウイルス感染の拡大防止」という思いもよらぬ形で、テレワークを体験することになった。新型コロナは今回のテレワーク導入と裏表の関係なので、1章からの本論を読む前に、導入に至るまでの経緯を思い出しておいた方がいいかもしれない。手短に振り返る。

２０２０年1月28日、奈良県の60代男性バス運転手から、日本人として初めて新型コロナウイルス（SARS-CoV-2）が見つかった。中国・武漢のツアー客を乗せた観光バスの運転手だった。日本で、正体不明の新型コロナとの手探りの長い闘いが始まったのはそれからだった。

1月30日には世界保健機関（ＷＨＯ）が、「世界的な緊急事態」を宣言して警告を鳴らしたが、緊迫しているのは中国だけで、世の中は「春すぎには終息するだろう」と、まだ楽観の声が多かった。

雰囲気が一変したのは3月。直前の2月27日には安倍首相が全国の小中高校に休校を要請した。3月11日に欧米での感染拡大が止まらず、ＷＨＯがとうとうパンデミック（感染症の世界的大流行）を宣言、24日には東京オリンピック・パラリンピックの延期が決まった。

4月7日に東京、大阪など7都府県に緊急事態宣言が発出され、16日、全国に拡大された。政府の外出自粛、接触8割削減要請で、企業はテレワーク、在宅勤務に転換せざるを得なくなった。

緊急事態宣言がいずれ出るだろうと予想して、テレワークを始めた先見の明のある企業を身の回りに知っている読者もあろうが、準備不足のまま始めた企業が多かったのではないか。社員の側も、在宅勤務は子育てや介護にたずさわる一部の社員がやることで、自分にとっては縁遠い存在と思っていた人が多かったはずだ。

このため、実際に始めてみると予想外のことが起きたり、オフィス勤務では感じなかった不安に駆られることも多かったに違いない。2、3章でそんなテレワークにつきまとう「落とし穴」を集めてみたが、随所に落とし穴があるということを書いていて実感した。

4章ではテレワークの未来、新しい働き方について考えてみた。5章はネット上にテレワークのガイドブックが思った以上に豊富で、実践的な情報もあり参考になるので、ぜひ紹介したくなった。

本書はほぼネットに公表された情報をもとに書いている。情報の出所元のURLはほぼすべて掲載した。URLでは打ち込むのが面倒だろうから、記事名なども明記した。

途轍もない量の情報が流れ、蓄積されているネットの山には、真偽の不確かな情報があふれているのは確かだが、隠れているたくさんの宝を掘り出せば現実に迫ることができる。そう信じてネットを渉猟《しょうりょう》している。今回、自分では宝を探し出したつもりだが、読者の鑑定眼に適ってくれればうれしい。

〈目次〉

イラスト　ひらのんさ

第1章

米IBM、米ヤフーは在宅勤務を廃止していた

米国ではテレワークを疑問視

「きょうはお休みですか」。ウィークデーの日中、自宅周辺で近所の御主人を見かけた主婦は、1年前ならば、そう声をかけたかもしれない。見かける日が続いたら、きっと失業のうわさが飛び交っていただろう。新型コロナウイルスは、そんな風景を変えた。多くの企業がテレワークを導入して在宅勤務が当たり前になったからだ。

「在宅勤務が標準」日立の発表

中でも、トップを走るのが日立製作所だ（以下日立）。日立は、「在宅勤務活用を標準」とする新しい勤務制度を2020年10月に試行を始め、翌年4月から正式に実施すると発表した。

日立は新型コロナ感染防止のため、約7割の社員が在宅勤務となったが、夏以降も在宅勤務の経験者を対象に「週2～3日は在宅で仕事ができる状態を継続したい」としている。

日立が発表した5月には、すでに多くの企業がテレワークを導入していたので、新鮮な驚きは乏しかったかもしれないが、コロナ感染終息後も在宅を常態化させるならば、日立の決断は従来の会社のあり方を大きく変えるものだ。オンラインで記者会見した同社の中畑英信専務は「新型コロナウイルスで半ば強制的に在宅勤務の活用が始まったが、これを機に新たな働き方に大きくかじを切りたい」と語った。中畑専務の言葉を待たずとも、コロナが強く背中を押したであろうことは誰もが想像できることだが、ニュースリリースの次の一節を読むとそうばかりとは言えないようだ（注1）。

ニュースリリースにはこう書かれている。「日立では、2016年より働き方改革を推進し、多様な人財が成果を挙げることができる在宅勤務を含む多様な働き方を推進してきました」。つまり、日立に決断させたのはコロナばかりではなく、長期の経営戦略として温めてきたものであり、これまで進めてきた改革のゴールが今回の発表だったと言えそうだ。

国内では、ほかに富士通やGMOインターネット、オプトホールディング（2020年7月1日からデジタルホールディングス）なども在宅勤務を継続するなど、大企業でテレワークを継続する動きが広がっている。

NHKが2020年5月に、大手企業100社を対象に実施したアンケート調査でも(回答95社)、実に82・1%の企業が、「テレワークの活用や出勤者数の削減など新しい生活様式に対応した働き方」を検討していると回答した(注2)。経済界は、完全にテレワーク化の流れに乗ったようだ。

テレワーク化が企業が思い描いている通り順調に進めば、社員の働き方は大きく変わる。日本の企業が日立化すれば、通勤電車のラッシュはなくなり残業も減るだろう。同僚、上司とのコミュニケーションのあり方、取引先とのやり取りも変わってくるのは間違いない。

職場の変化だけではない。在宅勤務が増えれば家庭生活も良くも悪くも変わらざるを得ない。だがそれは、あくまでもテレワークが順調に定着したならばの話だ。テレワーク導入後に会社の業績が悪化したりすれば、逆戻りを考えざるを得ないだろう。

実際、逆戻りした米IBMと米ヤフーの例がある。どちらも、テレワークなんてお手の物でこなしてしまいそうな企業に思えるだけに、見過ごすことのできない事例だ。なぜ逆戻りしたか、紹介しよう。

ＩＢＭの在宅勤務廃止

まず米ＩＢＭの例。同社はリモートワーク（テレワークと意味は同じ）のプログラムを数十年続けており、リモートワークのパイオニア的存在で、従業員の40％以上が会社のオフィスの外で働いていたと自慢していたほどだ。ところが２０１７年5月、突然、米国内の数千人のＩＢＭリモートワーカーに対し、「自宅の仕事スペースを放棄して地域のオフィスに移るか、さもなければ会社を辞めてもらいたい」と迫ったのだ（注３）。

ＩＢＭの広報担当者が言うには、同社は設計チームとデジタルマーケティングチームを再構築したが、チームが肩を並べて作業すれば容易にコラボレーションしやすくなるという。会社で、対面で仕事した方が協働の効果を得やすいということらしい。

背景には、ＩＢＭの当時の業績悪化があったようだ。リモートワークが業績悪化の原因だとまではＩＢＭも言っていないようだが、少なくとも経営陣は、リモートワークが業績向上に貢献するとは考えなかったのだろう。業績が悪化していたので、「密かなレイオフ」との見方もある。在宅勤務が廃止されて、指定された地域のオフィスで働くには引っ越しが必要で、これを望まない社員は退職を考えるからだ。

実際、先の『The Wall Street Journal』の記事は、7年間在宅勤務で働いていたマーケティング業務の女性がＩＢＭを辞めて転職し、在宅勤務を続けているケースを紹介している。

ＩＢＭは、今回の新型コロナ感染拡大で、社員に家にとどまるよう要請しているが、過去の在宅勤務プログラムを復活させたわけではないとしている。今後ＩＢＭがどちらの方向を進むか左右するのは、就業場所の是非論よりもパンデミックの勢いのようだ。

米ヤフーの在宅勤務廃止

次に米ヤフーの事例だ。米ヤフーの在宅勤務禁止は、ＩＢＭよりも早い２０１３年2月のことだ。

禁止令を発出したのは、前年7月にグーグルの副社長から、37歳の若さでヤフーＣＥＯに転じたマリッサ・メイヤー氏だった。メイヤー氏が米ヤフー入りしたのは、同社の業績立て直しのためだったが、ＣＥＯ就任と同時に妊娠を公表し、話題になった女性だから記憶に残っている読者も多いだろう。

在宅勤務禁止令は、6月までに転居してでもオフィスに出勤できるようにせよという

厳しいもので、社員から猛反発を受け、主要メディアも「時代に逆行する」などと批判した。中には、在宅勤務が小さな子供を持つ女性にとっては強い味方であることから、「メイヤー氏は、全米の子育て家庭を敵に回した」との論評もあったという。

米ヤフーは禁止令についての詳しい説明を避けていたが、同社人事担当者による社内メモがメディアに流れたりした。そのメモには「われわれは一つのヤフーになる必要があり、それは物理的に一緒にいることから始まる」と書かれていた。

その後メイヤー氏は、禁止令を出した理由について自らの口から語っている。「在宅勤務は今現在のヤフーにとっては適切ではない」とし、「人は一人でいる方が生産性は上がるが、集団になった方がイノベーティブになる」と強調したという。

イノベーティブの例として、メイヤー氏は

ヤフーのお天気アプリを挙げ、アプリが同じオフィスに勤める2人のエンジニアのアイデアから生まれたと語った（注4）。

このヤフーの事例は、これからテレワークを本格化させようという日本企業に改めて考えさせるものを含んでいる。

それは二つあって、一つは在宅勤務に伴う職場の一体感の欠如である。人事担当者のメモにあった「一つのヤフーになる必要があり」という言葉は、在宅勤務の副作用が、会社にとって我慢できないレベルに達していたことをうかがわせる。

もう一つは、会社にとって在宅勤務が功罪半ばする面があることだ。それは、メイヤー氏の「一人でいる方が生産性は上がるが、集団になった方がイノベーティブになる」という言葉に表れている。

確かに、自宅で一人で集中して仕事ができれば（集中できる環境が必要だが）、周囲から声をかけられることもなく能率は上がるかもしれない。人間、仕事がスムーズに進むことほど気分を明るくさせるものはない。

企業にとっても、テレワーク導入による生産性の向上に期待する声は大きい。総務省の『2019年版情報通信白書』によると、企業のテレワーク導入の目的は、「労働生産性の向上」がトップで58・3%を占めた。2位の「勤務者の移動時間の短縮」は48・5%で、生産性向上への期待の大きさがうかがわれる（注5）。

しかし、その一方で無駄もあるかもしれないが、実際に顔を合わせて話すことによって脳が刺激を受け、「ひらめき」のようなものが生じることは誰もが体験しているはずだ。そこからイノベーティブなものが生まれるという連想も否定できない。在宅勤務はそのチャンスをなくしてしまう。チャンスを失う面は見落としがちだ。物事のいい面ばかりを見て、悪い面を見落としてしまうのは人が陥りやすい過ちではある。ましてや「働き方改革」を目指す国も、テレワークをビジネスとする企業も、悪い面は口にはしないから、なおさらだ。

メイヤー氏の口から出た「イノベーティブ」の事例が、お天気アプリだけというのは寂しく、ちょっと説得力に乏しいが、言わんとしていることは伝わってくるのではなかろうか。これらの点については、2章、3章でさらに詳しく述べていく。

米ヤフーはその後メイヤー氏の下で、一時は業績を回復させたが完全には回復しきれず、2017年6月、中核事業を米大手通信会社、ベライゾンに売却することが決まった。社名もアルタバに変更した。メイヤー氏もCEOを退いたが、再建に成功しての退任とは言い難いだろう。結果を見れば、「在宅勤務禁止が功を奏した」とは言えない。しかし禁止令を出した当時は反発も強かったが、その一方でオフィス勤務肯定の声も有力メディアから出ていた。

例えば『The Wall Street Journal』は米ヤフーの禁止令を受けて、「注目を集める在宅勤務（Home Office）」という見出しの記事を掲載し、「社員が会社のオフィスにいることで、意思決定とコミュニケーションは速くなる」といった会社、職場での利点を伝えている（注6）。

在宅勤務は出世の妨げ？

記事は、マネジャーたちのこんな声を紹介している。

「共同作業とグループプロジェクトに重点を置くとすれば、オフィスで労働者が働くことは理にかなっている」

「オフィスでの思いがけない社員の組み合わせが新しい製品や関係につながる」

さらに、自己のキャリアアップを図りたい社員にとっては気になる調査結果も伝えている。

「スタンフォード大学が先週発表した調査によると、（在宅勤務は）生産性は高いものの、在宅勤務者はオフィスに来る人よりも昇進の可能性が50％低くなっています」

「1万6000人の従業員を擁する中国の旅行代理店で在宅勤務プログラムを9カ月間監視した研究者たちは、上司との面談時間の不足がキャリアを停滞させたと結論付けました」

「スタンフォード大学の経済学教授で研究の共著者でもあるニコラス・ブルーム氏は、『在宅労働者は忘れられた労働者になる可能性がある。特に上級管理職とのつながりに関してはそうだ』と語った」。

また『フォーブズ』はIBMが禁止令を出したときに、直接の対面コミュニケーションの大事さを伝える記事を掲載し、IBMが在宅勤務をやめた理由を推測している。

「直接対面の場は、イノベーションが生まれる場所であることも知られている。正式な会議や、ましてやバーチャルミーティングの中で、イノベーションが生まれることはほとんどない。創造的な考えは大抵、何気なく同僚と話しているときに生まれる。廊下で互いの状況について話すときや、休憩所でアイデア交換しているときなどだ」（注7）。

テレワーク導入では先を行く米国でも、オフィス勤務を肯定する声は小さくない。

メイヤー氏の以前の職場であったグーグルは、立派な本社そのものがオフィス勤務肯定の姿勢を表しているようだ。カリフォルニア州マウンテンビューにあるグーグル本社は、テレビやネットで何度も紹介されてきたが、東京ドームに匹敵する広大な敷地を持つ。レストラン並みの食事を無料で享受できる社員食堂やカフェ、ボウリング場の存在は、社員を自宅に閉じ込めておくにはもったいなさすぎる。

米IBM、米ヤフーのように在宅勤務に見切りをつけた先例がありながら、これから在宅勤務を本格化させようとする日立。IBM、ヤフー、日立それぞれが在宅勤務のメリット、デ・メリットを天秤にかけて決定したのだろうが、一見正反対の道を選択したように見える。しかし、「週2~3日は在宅」という日立の選択に込められているものは、「在宅勤務のメリットは捨てがたいので導入するものの、どうしても生じるデ・メリットは、オフィスでの勤務で解消しよう」という狙いではないか。そうせざるを得ないほど、在宅勤務のデ・メリットは大きいわけだ。2、3章はそのデ・メリットの数々を深掘りしていく。

テレワークの3形態

なお在宅勤務が普及したことから、テレワーク＝在宅勤務と捉えることが多いが、厚労省などの定義ではテレワークは、「在宅勤務」「モバイルワーク」「サテライトオフィス勤務（施設利用型勤務）」の3つのテレワークの形態の総称である。

モバイルワークとは移動中（交通機関の車内など）や顧客先、カフェなどを就業場所とする働き方であり、サテライトオフィス勤務とは、シェアオフィスや会社が用意した自社専用のスペースを就業場所とする働き方のことだ。通常はテレワーク＝在宅勤務と理解して支障はないが、省庁の文書を読むときなどは注意が必要だ（注8）。

また、リモートワークと表現する文章も見るが、テレワークと同じ意味と考えて差し支えなさそうだ。

（注1）日立製作所ニュースリリース「在宅勤務を変革のドライバーとする働き方改革を推進」
https://www.hitachi.co.jp/New/cnews/month/2020/05/0526.html
（注2）NHK「テレワークなど新しい働き方 企業の8割検討」（5月30日掲載）

（注3）THE Wall Street Journal「IBM, a Pioneer of Remote Work, Calls Workers Back to the Office」
https://www.wsj.com/articles/ibm-a-pioneer-of-remote-work-calls-workers-back-to-the-office-1495108802

（注4）『ニューズウィーク日本版』「ヤフー社メイヤーＣＥＯの『在宅勤務禁止令』を考える（冷泉彰彦）」
https://www.newsweekjapan.jp/reizei/2013/03/post-536.php
『ITmedia NEWS』「米Yahoo!のメイヤーＣＥＯ、〝在宅勤務禁止〟について初めてコメント『現在のYahoo!には適さない』」
https://www.itmedia.co.jp/news/articles/1304/22/news044.html

（注5）『令和元年版 情報通信白書』総務省
https://www.soumu.go.jp/johotsusintokei/whitepaper/ja/r01/html/nd124210.html

（注6）THE Wall Street Journal「The Home Office in the Spotlight」
https://www.wsj.com/articles/SB10001424127887323384604578328681101539330?mod=article_inline

（注7）フォーブス「ＩＢＭが遠隔勤務制度をやめた理由」
https://forbesjapan.com/articles/detail/18195/2/1/1

（注8）『テレワークではじめる働き方改革』厚労省
https://telework.mhlw.go.jp/wp/wp-content/uploads/2019/12/H28hatarakikatakaikaku.pdf

第2章

上司・会社がはまる落とし穴と対策

社員がサボる＝社員の勤怠管理が難しい

「在宅勤務者のうち三人に一人が、仕事中にお酒を飲んでいる」。米国からそんな調査結果が伝えられた（注1）。「やっぱり」と受け止める管理職の人も多いだろう。在宅勤務は上司の目が届かないから、社員がサボってしまうのではないかと、導入を躊躇《ちゅうちょ》する原因にもなっている。

根底にあるのは社員の管理のあり方の問題で、これについては後述するが、まずは米国のこの調査について記しておこう。

調査はアルコールや薬物などの依存症の人たちを支援している「アメリカ依存症センター」が、2020年3月に実施したもので、全米3000人が調査対象になっている。

会社の心配は当たっているようで、「自宅にいると監視の目がないため」と飲酒してしまう理由について答えている。在宅勤務中に最も飲まれているお酒の種類はビールだったという。同じお酒でもウイスキーやワインと違ってビールはアルコール度数も低いから、「タブー」の壁が低いのだろう。

欧米人はお酒を飲んだときに発生する有害物質、アセトアルデヒドを分解するアルデヒド脱水素酵素2を持っているので、顔が赤くなりにくいからアルコールに手を出しやすいのだろう。

日本人は半数近くがアルデヒド脱水素酵素2の遺伝子を持っていない。「お酒に弱い」のだ。そうした先天的な体質の違いに加え、文化の違いもあるだろうから米国の調査結果がそのまま日本に当てはまるとは限らないものの、「監視の目」が消えることへの心配を裏書きする調査結果と言えそうだ。

オンライン上の会話は、アルコールの臭いがシャットアウトされるので、在宅勤務がむしろ飲酒を促す環境を用意しているのではないか。いずれにしても上司や会社の心配は尽きない。

「Twitterをのぞくと、「今日も1日断酒します!」と、お酒の誘惑を断ち切るよう自己管理に努めるツイートがある一方で、「眠たいなあ……お酒飲みたいなあ……(在宅勤務パソコンおいてるところから酒瓶が見えるからつい)」と誘惑と我慢の葛藤を感じさせるつぶやきもある。

真逆のつぶやきもすぐに見つかる。「在宅勤務だと仕事中に酒飲めるから最高だよな」

「お昼に梅酒飲みながら寿司 昼から酒飲めるのは在宅勤務の特権」とてらいもなく飲酒を肯定している人もいる。もちろん、サボるのはお酒だけではなく、「在宅勤務ならお昼休みにベッドでゴロゴロできるの最高では」とのつぶやきも。

社員監視ツール

こんなツイートを見たら、上司、会社は社員が何をやっているか、四六時中チェックしたくなるだろう。そんなニーズに応えるWebツールがある。すでに導入している企業もあるだろうが、例えば、「F-Chair+（エフチェアプラス）」がそうだ。パソコン上のタイムカードと例えられている。

パソコンでF-Chair+を立ち上げると、「着席中」「退席する」というボタンが出てくる。在宅で仕事の開始時に「着席中」をクリックする。昼食や保育園に子供を迎えに行くためなどに席を離れるとき、「退席する」をクリックする。仕事を終えたときには着席していた時間の合計が1秒単位で表示される。記録された内容はシステム上で管理され、会社の上司は部下が働いているのかどうか、月の勤務時間がどれくらいになっているかを確認できる。

それだけの仕組みでは、ベッドで寝たり、DVDでドラマを見ていても「着席中」をクリックしておけば、ごまかせると考えるスチャラカ社員がきっと出てくるだろう。だが、ごまかしはきかない。数分おきにパソコンの画面が保存されているからだ。同じ画面がずっと表示されているならば、パソコンの操作をしていないことが容易にばれてしまう。

昼食の飲酒まではチェックできないが、このツールが導入されたら勤務中はほとんど息抜きできる時間はなさそうだ。会社のオフィス勤務ならば、隣の社員と雑談を交わすような息抜きタイムがあった。在宅勤務でも、室内で軽い運動をしたり、雑誌をパラパラめくったり、YouTubeで子猫の動画を見て、癒されたりするぐらいのことがあってもいいだろうが、それもやりにくくなる。

パソコンの画面チェックよりも、さらに監視度の高いツールもある。米国製の「Sneek」

はアメリカン・エキスプレスやレゴが導入しているが、Webカメラで1分から5分ごとに自動的に社員の顔を撮影する。創業者は監視のために開発したツールではないのだという。創業者たちは10年以上在宅勤務を続けてきた実績がある。その中で、最大の問題点は孤独感であることに気づいた。それで一緒に仕事をしている仲間とつながるために開発したという。Sneekはほかの社員の顔をクリックすると、受信者が「承認」をクリックしなくても、即座にビデオ通話を始めることができる。

「多くの人がプライバシーの侵害だと思うことは理解するが、それが目的ではない。いい仲間がいて、一緒に仕事をしているときにはいつでも連絡を取り合いたいと思っているチームもたくさんある」(注2)。

開発者意図に反して、監視ツールとして見られることに戸惑っている。

新型コロナウイルス感染の対策として世界的に外出自粛が進む中、爆発的に普及した「Zoom」のようなWeb会議ツールでも、常時接続すれば同じように監視機能として使える。こうしたツールは上司、会社にとって、社員がサボる不安を取り除いてくれるのは間違いない。しかし、そんな監視されているような環境、きゅうくつな環境の中で、社員は伸び伸びと自分の能力を発揮できるのだろうか。仕事のパフォーマンスが落ちてしまいそうだ。

それに、着席してパソコンを操作している姿や記録だけを見て、生産性が維持されていると判断するのは早計ではないか。能力が高くてパッパと仕事を済ませてしまう人よりも、同じ仕事に長い時間がかかってしまう作業効率が低い人の方が評価されかねない。その違いを見極めるには、パソコンの画面が変化しているだけで満足しているだけでは追いつかない。上司に仕事の結果の重要度をきちんと評価できる判断力が求められる。

無理解な上司がWebツールに頼って社員を評価すれば、業績にも影響するだろう。ただ影響が表れるまでには時間がかかるだろうから、ウヤムヤになり、上司の過ちが正されることはないはずだ。会社がはまる落とし穴だ。

監視よりも成果を見る

過剰な監視を避けるとすれば、どうすれば社員のサボりを防げるのか。ヒントは1章で紹介した日立の「在宅勤務を標準」とする新人事制度導入のニュースリリースの中にある。リリースにはこう書かれている。

「日立は、在宅勤務を変革のドライバーとして働き方の多様化をさらに推し進めると同時に、従業員一人ひとりが最大限能力を発揮し生産性を向上していくため、ジョブディスクリプションやパフォーマンス・マネジメントなどの仕組みにより、一人ひとりの仕事・役割と期待成果を明確にするジョブ型人財マネジメントへの転換をより加速していきます」(注3)。

この中の、「ジョブディスクリプション」こそ在宅勤務に欠かせない雇用形態なのだ。ジョブディスクリプションとは「職務記述書」と呼ばれ、読んで字のごとく各社員が担当する仕事の内容、範囲、難易度、必要なスキルなどを文書化したものだ。

社員の仕事内容を明確化することによって、社員が該当の仕事をどこまで達成したかを確認でき、それによって賃金評価につなげることができる。成果主義、成果給を導入しようと思えば不可欠の雇用モデルだ。ジョブディスクリプションにもとづいた仕事のやり方は、「ジョブ型雇用」と呼ばれる。仕事ありきでポストの役割を決め、そこに人がつく。欧米企業では一般的だが、人に仕事がつく傾向が強い日本企業にはまだなじみが薄い。

しかしテレワーク、在宅勤務を本格化させようと思えば、ジョブ型雇用への転換を迫られることになる。会社で働いていれば、上司は部下の働きぶりを見ることができる。

姿の見えない在宅勤務では、前述したような監視システムを取り入れて目を光らせれば安心できるかもしれない。しかし、それでは社員との信頼関係が損なわれて、生産性が低下する恐れがある。それよりも出来上がった仕事、成果で評価する方が合理的だ。ジョブ型雇用がうまく機能すれば、会社と社員がwin-winの関係になれる。極端に言えば、成果さえ出していればあとは放任しておけばいいのだ。

日立は管理職レベルで2013年度からジョブ型への移行を始めた。全世界の管理職5万ポジションをランクづけした。現在、一般社員や新規採用へと広げている段階だ。

日本企業では、職務を定めずに人を採用して仕事を割り当てる「メンバーシップ型」の雇用モデルが普通だ。新卒一括採用と終身雇用になじんだモデルで、忠誠心の対象は、仕事よりも会社に向ける人材を企業は求めがちだった。「就職」ではなく、「就社」と言われてきたゆえんだ。

そうした企業文化に一線を画するジョブ型雇用は、大きな転換だけにメンバーシップ型文化の中で育った社員の理解が必須だ。日立では、いまや春季労使交渉で賃金と並んで、ジョブ型への転換が主要テーマになっており、多くの時間をジョブ型の議論にあてている。

失敗するパターン

日立のように、計画的にジョブ型雇用への転換を進めてきた企業は、今回のコロナショックをきっかけに在宅勤務へ移行するのは容易かもしれない。しかし、テレワークはやりたいと思っていたが、ハードルが高くて踏み切れずにいたり、まるで眼中になかったという企業も多いのではないか。

それが突然、緊急事態宣言で社員の出勤を取りやめることになり、慌ててテレワークを始める羽目になった。在宅勤務とは名ばかりで、会社からの通達がメールで送られてくるだけという会社もあったようだ。そうした会社が「ジョブディスクリプションを作成しよう」と言われても、すぐにできるものではない。それに作成するのに時間がかかり、緊急事態にとてもではないが間に合うわけがない。非現実的だ。

そんな状況に対し、野村総研コーポレートイノベーションコンサルティング部の清瀬一善氏はこうアドバイスする。「外資系企業も含め、厳密なジョブ・ディスクリプションを作成・管理しているわけではない。それよりも重要なことは、協業するメンバー同士が、お互いのジョブ・タスクを理解することである」(注4)。

ジョブ・タスクの相互理解を深めるとはどういうことか。どうすればいいのか。必要なのはピラミッド型の意思伝達ではなく、多角形型のコミュニケーションスタイルということのようだ。平時には会社内で意思を伝えるのは、管理職を頂点とした上意下達が機能していたが、テレワークではそれが難しくなる。今回のように予期せずしてテレワークに突入した際には、個々のメンバーが起点となるネットワーク型の組織を作り上げることが大事と、清瀬氏は言う。

このスタイルを作り上げるには、管理職も多角形を構成するメンバー社員も相互に十分なコミュニケーションをとる必要がある。

「マネージャーから、『あなたにはこういうことを期待している』、『それを実現するためには、○○に注力してもらいたい』と語りかけ、部下はマネージャーや同僚に対し、『私は、こういうことをやり遂げたい』と伝える。こういった対話を通じ、各人がお互いのジョブ・タスクを腹落ちする状態にするのだ。極論すれば、テレワークの状況下において、マネージャーが果たすべき最も重要な役割は、メンバーのジョブ・タスクの明確化と相互理解の促進に尽きる」と清瀬氏は、テレワーク成功のカギを伝えている。

上意下達に慣れ切った管理職にとっては、ピラミッドから下りて成員とコミュニケーションを取り合う方が難しいに違いない。しかし、ジョブ・ディスクリプションという形式を整えるよりも、成員間のコミュニケーションを活発にするという精神が徹底されていれば、テレワークが可能と言われれば高く見えたハードルも低くなるのではなかろうか。

（注1）ＮＨＫニュース２０２０年5月22日掲載
https://www.businessinsider.jp/post-209961
（注2）ビジネスインサイダー「従業員がちゃんと働いているかを5分ごとに監視できるツール…悪の手先か、孤独を癒やす福音か」
（注3）日立製作所ニュースリリース「在宅勤務を変革のドライバーとする働き方改革を推進」
https://www.hitachi.co.jp/New/cnews/month/2020/05/0526.html
（注4）野村総研「テレワークを浸透させるための組織・人材マネジメント上の３つのポイント」
https://www.nri.com/jp/keyword/proposal/20200507

予想以上に導入にお金がかかった

総務省や厚労省のテレワーク導入のためのガイドブック等を見ると、必ずテレワークのメリットとして「コスト削減」が挙げられている。

例えば厚労省の『テレワークではじめる働き方改革』には、「初期投資は必要になりますが」と断ったうえで、▽通勤費、出張費の削減、▽営業拠点の統合や廃止、スペースの縮小、▽オフィスの冷暖房や照明等のオフィス環境に係る費用の削減、▽オフィスにおいてフリーアドレス（固定の席を決めずに、自由に席を選ぶことができる制度）を同時に導入することで備品やオフィススペースなどを削減（＝出勤社員が減るから）、▽ペーパーレス化によるコピー機及び用紙の費用削減など、経営者がひきつけられそうなコスト削減の数々が並んでいる。

こうした削減効果は大げさとは言い切れない。実際これも同じ厚労省の企業アンケートだが、「テレワークの導入によって得られた・得られつつある企業の事業運営面の効果」を聞いたところ、「事業運営コストの削減」と答えた企業が20・5％にのぼった。トップの回答は「人材の確保・育成」（26・5％）、次いで「業務プロセスの革新」がコスト削減と並んで同率だった（「平成26年度テレワークモデル実証事業」企業アンケート）。

予想外の出費

しかし、今回のコロナショックでテレワークを導入した企業からは、「予想以上にお金がかかる」と、コスト削減どころかコスト増に頭を抱える会社も出ている。

『日本経済新聞』は東京都墨田区の金属加工会社の「想定外」を伝えている。この会社では社員約50人のうち10人を在宅勤務に切り替えた。持ち帰り用パソコンをレンタル契約し自宅の通信費用も補助した。データ処理能力を高めるためサーバーも設置したいが「100万円以上かかる」と言われた。予想外の出費に、総務担当者は「こんなにお金がかかるとは」と嘆く（注1）。

導入前に時間をかけ、テレワークシステムの違いによる比較などを踏まえ、十分にコスト計算するゆとりがあれば想定外リスクをもっと減らせたであろう。しかし、今回は半ば強制的に在宅勤務を採用した企業も多かったから、導入して、「しまった」と思っている企業もあるかもしれない。

テレワークにはどれだけのお金がかかるのか。導入をサポートするワークスマイルラボが運営するサイト「ワクテレ」が具体的な金額を紹介している（注2）。

テレワークには、「テレビ会議システム」か「Ｗｅｂ会議システム」の選択肢がある。Ｗｅｂ会議システムは、Ｚｏｏｍ、Microsoft Teams、Google ハングアウトなど、無料（時間制限あり）で簡単に利用できる。手持ちのパソコンやスマートフォンがあれば通信可能だ。一方テレビ会議システムは、専用の端末やカメラ等を購入しなければならない。このためお手軽さから言っても、いまやＷｅｂ会議システムの利用が圧倒的で、特に中小企業も導入しやすいシステムだ。

システムの選択に当たっては、コスト面や使い勝手のよさが重要ポイントであるのは間違いないが、ほかにもセキュリティが十分か、自社の仕事内容や課題に合ったシステムかどうかといった視点も忘れてはならないだろう。なおＷｅｂ会議システムは、ネット上ではテレビ会議システムとも呼ばれたりして、混乱しがちなので要注意。

ワクテレもＷｅｂ会議システムを勧めているが、その費用は次の通りだ。

［Ｗｅｂ会議システム］

●初期費用：10万円
●システム自体の利用料（月額）：1万円
●使用端末ごとのソフト（アプリ）利用料（月額）：1万円／1台

従業員10名で使用する場合、導入初年度は、

●初期費用：10万円
●システム利用料：1万円×12カ月＝12万円
●端末利用料：1万円×12カ月×10名＝120万円
＝合計142万円

比較的安価とはいえ年間で見るとかなりの費用がかかるのがわかる。大まかな計算なのでシステム利用料など、使用上の制限条件など細かく詰めた上で決めないと、あとから社内の要望や業務遂行上、追加サービスが必要になったとき思わぬ出費となるだろう。

オフィスコストを削減

「移転をやめて、オフィスを解約する意思決定をしました withコロナ」。ＩＴ業界の中には、コロナショックを機にオフィスを手放す会社も出てきた。見出しの記事を２０２０年4月半ばに「note」に投稿したのは、東京都港区白金台に本社があった「株式会社overflow」の鈴木裕斗ＣＥＯ。エンジニア・デザイナーの副業・転職を支援するマッチングサービス「Offers」の運営やデジタルマーケティングのビジネスを展開している(注3)。

鈴木ＣＥＯは、2月ごろは人員増加のためオフィス移転を予定していた。80以上の提案を受け20以上の内見をして、ようやく中目黒に約50坪の気に入ったオフィスを見つけ、あとは契約書に判子を押すだけというところまでたどりついた。そこに襲ってきたコロナショック。

overflowは新型コロナ流行前から、メンバー約２７０人の7割以上がリモートワークだったが、外出自粛で全員をリモートワークとした。鈴木ＣＥＯは、今回のコロナショックを政府の働き方改革以上に働き方を変えるパラダイムシフトになると位置づけている。そうした変化に合わせて柔軟に新時代のオフィスの形を模索していきたいと考え、オフィスを「一度手放します（とはいえ、非常に寂しいのが本音）」と決めたという。鈴木CEOは、人が集まることが無意味と言っているわけではない。「同じ空間、時間、体験を共有することで〝会社らしさ〟を育んでいく」重要性を認識したうえでの決断だ。「一度手放します」という表現にその思いを感じる。

オフィスを維持するのに必要だった月数十万円程度は、時節柄の経費削減と、メンバーのリモート環境整備、強固なカルチャー形成に投資していくという。

製造業でも事務所廃止

ほかにもオフィスの賃貸契約を解約する企業が相次いでいるが、テレワークになじむIT系が多いようだ。製造業などは難しそうに見えるが、在宅勤務化することで事務所を廃止して経費削減するケースは、ずいぶん以前からあった。

無線やLED照明製品を手掛けるある製造業は、2009年から本社組織のIT化を進め、東京事務所を完全に閉鎖し、東京事務所の社員8人にテレワークを義務づけた。営業・総務・経理等の仕事に携わっていた社員だ。8人は毎日在宅勤務で働き、労働時間管理は、クラウド上で給与計算システムと連動した就業管理システムを導入した。
またオンライン決済システムを導入し、すべての稟議申請、経費申請をパソコンやスマートフォン等から可能にしたという。この結果、会社全体の年間固定費の約30%にあたる5600万円を削減することができた。一方、テレワーク化に要した費用は約1000万円程度で、約2カ月で回収できたという（テレワーク相談センター）。導入が可能な部署から実施してもコスト削減が可能な実例だろう（注4）。

通信費、光熱費は？

さて、社員の方から見てコストで心配なのは、在宅勤務に伴う通信費の出費増だろう。また自宅にいる時間が長ければ、水道光熱費もかさむ。通勤電車から解放されたと喜んでいたら、思わぬ出費増に見舞われるかもしれない。実はこの心配については、テレワークを導入する前に会社が明確なルールをつくり、従業員に対して丁寧に説明する必要がある。

労働基準法第89条第1項第5号は、「労働者に食費、作業用品その他の負担をさせる定めをする場合においては、これに関する事項を就業規則に定めなければならない」と規定しているので、必要に応じて就業規則の変更をする必要がある。また就業規則の作成義務がない会社では、労使協定を結んだり労働条件通知書で従業員に通知する。

通信費については、会社が携帯電話やノートパソコン、Wi-Fiルーターを貸与することで会社負担としているケースが多い。通信回線使用料は、個人の使用と業務使用との切り分けが困難なので、一定額を手当として会社負担とする例が多いようだ。自宅内に新たに光回線などブロードバンド回線を設定する場合、工事費は個人負担としている例もあるが、会社負担のケースもある。

水道光熱費についても私用と業務使用分との切り分けが困難なので、テレワーク勤務手当に含めて支払っている企業も見受けられる。特に在宅勤務が長期にわたる場合は、こうしたルールをきちんと決めておく配慮が必要だ。会社と社員の信頼関係にほころびが生まれるきっかけになりうる。

文具、備品、宅配便等の費用にも目を配るべきだ。切手や宅配メール便等は事前に配布できるものはテレワーク実施者に渡しておき、会社宛の宅配便は着払いにするなどの対応ができる。文具消耗品の購入や宅配メール便の料金を社員が一時立て替えることも考えて、その際の精算方法等もルール化しておいた方がいい。

政府、東京都も働き方改革を推進するため、テレワーク導入に資金面でバックアップしようと様々な助成金制度を用意しているので紹介しよう。制度をうまく利用できれば、導入のコストダウンを目に見えて低減させることができる。

（各制度の対象条件や有効期間など、さらなる詳細については表題の助成金名で検索して確認してください）

◎総務省

【令和2年度 テレワークマネージャー相談事業】

▽内容：ＩＣＴ専門家等のノウハウ等を有する専門家（テレワークマネージャー）が、ＩＣＴツールやセキュリティ等のテレワーク導入に関するコンサルティングを、無料で行う。

▽費用：コンサルティング費用は無料、通信料は利用者負担

▽問い合わせ先：事務局　株式会社ＮＴＴデータ経営研究所

電話：０３－５２１３－４０３２（平日10時～18時）

メール：twm@nttdata-strategy.com

◎厚生労働省

【働き方改革推進支援助成金（テレワークコース）】

▽概要：在宅またはサテライトオフィスにおいて就業するテレワークに取り組む中小企業事業主に対して、その実施に要した費用の一部を助成する。

▽支給対象となる取組

・テレワーク用通信機器（※）の導入・運用
・就業規則・労使協定等の作成・変更
・労務管理担当者に対する研修
・労働者に対する研修、周知・啓発
・外部専門家（社会保険労務士など）によるコンサルティング

※シンクライアント端末（パソコン等）の購入費用は対象となりますが、シンクライアント以外のパソコン、タブレット、スマートフォンの購入費用は支給対象となりません。

▽成果目標

1．評価期間に1回以上、対象労働者全員に、在宅またはサテライトオフィスにおいて就業するテレワークを実施させる。
2．評価期間において、対象労働者が在宅またはサテライトオフィスにおいてテレワークを実施した回数の週間平均を、1回以上とする。

▽評価期間

成果目標の達成の有無は、事業実施期間（交付決定の日から令和3年2月15日まで）の中で、1カ月から6カ月の間で設定する「評価期間※」で判断。

※評価期間は申請者が事業実施計画を作成する際に自ら設定。

▽支給額

成果目標の達成状況	達成	未達成
補助率	3/4	1/2
1人当たりの上限額	40万円	20万円
1企業当たりの上限額	300万円	200万円

▽問い合わせ先：テレワーク相談センター
電話：0120－91－6479（受付時間：平日9時～17時）

東京都内の企業ならば、東京テレワーク推進センターでも本助成金についての相談を受

けつけている
電話：０１２０－９７－０３９６（受付時間：平日9時～17時）
メール：suishin@japan-telework.or.jp

◎経済産業省
【ＩＴ導入補助金（通常枠）】

中小企業・小規模事業者等が自社の課題やニーズに合ったＩＴツール（ソフトウエア、サービス等）を導入する経費の一部を補助。
▽対象事業主……中小企業・小規模事業者で、指定された業種
▽補助対象の経費：ソフトウエア費、導入関連費等
▽補助金：下限30万円～上限４５０万円（補助率：1/2以下）
▽問い合わせ先：サービス等生産性向上ＩＴ導入支援事業 コールセンター
電話：０５７０－６６６－４２４（要通話料、受付時間：9時30分～17時30分、土・日・祝日を除く）

◎東京都

【ワークスタイル変革コンサルティング】

▽内容：都内企業等のテレワークの導入・拡大を推進するため、専門のコンサルタントが訪問し、課題解決などの支援を無料で行う。

▽対象：都内の中堅・中小企業等（従業員数2〜999人の企業等。その他要件あり）

▽コンサルティング内容

・テレワーク導入プロセスの構築

・テレワーク適合業務の切り分け、可視化

・テレワーク導入に向けた電子化

・テレワークの定着支援・活用拡大に向けた提案

最大5回訪問、各回2時間程度。

▽費用：無料

▽問い合わせ先：ワークスタイル変革コンサルティング事務局

電話：03−6327−1797（受付時間：9時〜17時、平日のみ）

◎東京しごと財団

【はじめてテレワーク（テレワーク導入促進整備補助金）】

▽内容：ワークスタイル変革コンサルティングを受けた企業等に、テレワークをトライアルするための環境構築経費及び制度整備費を補助。

▽対象事業者

1．東京都が実施するテレワーク導入に向けたコンサルティングを受けていること（※）

2．都内に勤務している常時雇用する労働者を2人以上999人以下、かつ6カ月以上継続して雇用していること。

3．就業規則にテレワークに関する規定がないこと。

4．東京都が実施する「2020TDM推進プロジェクト」に参加していること。

※その他詳細な要件については、募集要項をご確認ください。

▽補助対象費用

〈テレワーク環境の構築〉

在宅勤務、モバイルワーク、サテライトオフィス勤務を行うための環境構築費用。

１．東京都が別途管理・提供する「テレワーク導入プラン」（ホームページ）より選定したテレワーク環境を構築するための機器・関連ソフト等導入費用。
２．モバイル端末等整備費用。
〈就業規則へのテレワーク制度整備〉
テレワークに関する規定を就業規則に定めることに要する専門家への委託費。
▽補助金上限額
１．従業員数３００人～９９９人の企業　１１０万円
２．従業員数１００人～２９９人の企業　70万円
３．従業員数１００人未満の企業　40万円
※いずれも制度整備費10万円を含む、補助率は10/10
▽問い合わせ先：東京しごと財団　雇用環境整備課　職場環境整備担当係（はじめてテレワーク担当）
電話：０３－５２１１－１７５６（受付時間：平日9時～17時　※平日12時～13時、土日・祝日、年末年始は除く）
【テレワーク活用・働く女性応援助成金】

(1)テレワーク活用推進コース（テレワーク対象者は男女ともに対象）

▽助成対象事業者：常時雇用する労働者が2名以上かつ999名以下で都内に本社または事業所を置く中堅・中小企業等。※他にも要件あり。

▽助成対象事業

〈テレワーク機器導入事業〉

在宅勤務、モバイル勤務等を可能とする情報通信機器等の導入によるテレワーク環境の整備。

〈サテライトオフィス利用事業〉

サテライトオフィスでのテレワーク導入に伴う民間サテライトオフィスの利用。

▽助成の対象となる費用の例

〈テレワーク機器導入事業〉

・モバイル端末等整備費用

・ネットワーク整備費用

・システム構築費用

・関連ソフト利用料

・右記環境構築を専門業者に一括委託する経費

〈サテライトオフィス利用事業〉

民間サテライトオフィス利用に係る経費

▽助成金上限・助成率

〈テレワーク機器導入事業〉

限度額：250万円・助成率：1/2

〈サテライトオフィス利用事業〉

限度額：250万円・助成率：1/2

▽問い合わせ先：東京しごと財団 雇用環境整備課　職場環境整備担当係

電話：03－5211－2397（直、受付時間：9時30分〜16時、12時〜13時は除く）

（注1）日本経済新聞「在宅勤務、企業負担1・3兆円 通信費など追加も」
https://www.nikkei.com/article/DGKKZO58509070V20C20A4TJC000/

（注2）ワクテレ「テレワーク導入にかかる一般的費用」https://wakutele.com/hiyou1/

（注3）note「移転をやめてオフィスを手放すことに決めた話」
https://note.com/suzukiyuto/n/n8a1c24989668
（注4）テレワーク相談センター「テレワークによるオフィスコスト削減の事例」
https://www.tw-sodan.jp/example/example04.html

情報漏れが起きた セキュリティ対策が不十分

テレワークで会社がはまる落とし穴の中で、まざまざと被害を見せつけられるのが情報漏えいである。在宅勤務者のパソコンがウイルスに感染し、そこを踏み台に社内システムに侵入され、顧客情報などが盗み出されてしまう。

それだけではない。社内システムが感染すると、ほかのたくさんの社員のパソコンも感染する。そうなるとインターネットを通じて、社会全体に大きな影響を与えてしまう可能性がある。会社の信頼度はガタ落ちで、取引への影響は避けられないし、実害が明らかになれば補償を求められる。会社の規模によっては持ちこたえられないケースも出てくるだろう。感染を許してしまった社員は悔やんでも悔やみきれない。

ホンダ、原子力規制庁でトラブル

コロナショックの最中も、テレワークが原因で、あるいはそうと疑われるトラブルが発生した。特にホンダは、サイバー攻撃で工場の生産休止にまで追い込まれる事態となった。

ホンダはサイバー攻撃を受け、２０２０年6月8日ごろから社内のネットワークシステムに障害が発生し、米国など世界の9工場で生産が停止した。

外部の専門家によると、攻撃はシステムを暗号化して使えない状態にし、元に戻すために金銭を要求する「ランサムウェア」（身代金要求ウイルス）によるものだった。初めからホンダのネットワーク中枢を標的にしていた。攻撃を前に偵察を繰り返していたらしい。

セキュリティ対策企業からは、「今回の攻撃はテレワークに関連するものである可能性がある」との指摘も出ている。ホンダは詳しい状況を発表していないので、ウイルスの侵入経路は定かではないが、ちょうど新型コロナ対策で社員の多くが在宅勤務をする中で、パソコンを利用できなくなってしまった（注1）。

また原子力規制庁は、放射線防護企画課の職員が在宅勤務中の別の職員に宛てたつもりのメール48通を誤って外部の人に送ってしまった。このため、有識者ら21人のメールアドレスや２０２１年度予算の概算要求に関する資料などの行政文書32件が流出した。このうち21件は文書がパスワードで保護されておらず、開いて見ることができた。こちらはメールアドレスを勘違いするうっかりミスだった（注2）。

こうしたトラブルは絶対に避けたい。総務省が2018年4月に公表した「テレワークセキュリティガイドライン（第4版）」（注3）は事例を挙げながら、サイバー攻撃やパソコン紛失などによる情報漏えいの防止策を解説しており、大変参考になる。事例と対策を紹介していきたい。その前に、情報漏えいの実態を確認しておこう。

いま「絶対に避けたい」と書いたが、実は情報漏えいは公になるだけでも毎日1件は起きている。NPO日本ネットワークセキュリティ協会（JNSA）が出した、「2018年情報セキュリティインシデントに関する調査報告書（速報版）」によれば、2018年に情報漏えいインシデントは443件起きており、想定損害賠償総額は2684億5743万円にのぼる。

同協会が新聞やインターネットニュースなどで報道されたものを集計した数字なので、実際はもっと大きいだろう。

漏えい原因は、「紛失・置き忘れ」116件（26・2%）、「誤操作」109件（24・6%）、「不正アクセス」90件（20・3%）、「管理ミス」54件（12・2%）、盗難17件（3・8%）、「設定ミス」16件（3・6%）などとなっている。サイバー攻撃による情報流出がニュースでは目立つが、実際は人為ミスによる漏えいが全体の7割を占めていることがわかる（注4）。

想定損害賠償総額を1件当たりで計算すると6億3767万円に達する。あくまで平均の数字ではあるが、損害の大きさは感じ取れるだろう。

情報流出で倒産も

中小企業の中には情報漏えいで倒産してしまった印刷会社があり、そこに外注していた社員30人ほどの印刷会社も大赤字を被った例もある（注5）。損害保険会社は、個人情報漏えいに関する損害賠償責任保険をそろえている。

米国では2019年に大手の医療費債権回収業者、「米医療費回収機関（AMCA）」の親会社が情報漏えいが原因で、連邦倒産法第11条（日本の民事再生法に相当）の適用を申請、破綻している。

AMCAのサーバーがサイバー攻撃に見舞われ、AMCAの顧客企業から受け取っていた約2000万人分の患者の個人情報が流出した。クレジットカード番号、銀行口座情報、医療情報、社会保障番号などである。

ＡＭＣＡらを相手取った複数の集団訴訟が起こされ、顧客の機密情報を守るために適切なサイバーセキュリティ対策が取られていなかったことが問題視された。ＡＭＣＡの親会社は、経費負担に耐え切れず連邦倒産法第11条を申請した（注6）。

実際に経営破綻まで引き起こす情報漏えいの負の破壊力の強さは経営者はもちろん、在宅勤務の社員もしっかり頭に入れておくべきだろう。

では、ここから総務省の「テレワークセキュリティガイドライン」が解説する情報漏えい防止策を、起きてしまいそうな事例ごとに見ていこう（事例、対策とも、筆者が少し変えている個所もある）。

事例1　喫茶店で、秘密情報を盗み見された

社外からも社内と同じように、社内システム内のすべてのファイルにアクセスできるようにしていた。在宅勤務中に、初めて訪れた自宅近くのコーヒーチェーン店でパソコン操作中、水を求めて席を立った。一瞬で戻るつもりだったが、客が並んで待っていたので少し時間がかかった。ほんの短時間だったが、パソコン画面の顧客の秘密情報を盗

み見され、ネット上の匿名掲示板に書き込まれてしまい、顧客から取引停止を申し渡された。着席中に同僚とやり取りした電話の内容で、氏素性に見当がつき、隣席の男に興味を持たれてしまったようだ。

【対策】

喫茶店でパソコンを開けるビジネスマン、ビジネスウーマンはよく見かけるが、この例は警戒心が乏しすぎるだろう。「一瞬」のつもりで立つ場合でも、パソコンの画面は見えないよう半分ぐらい閉じて置くべきだ。

会社がやることは、重要情報を扱うときに画面を放置することの危険性を社員に徹底させることだ。しかし口酸っぱく言っても油断社員は現れる。そうした場合に備えて、経営者が示す方針のもとでシステム管理者があらかじめ情報のレベル分けを行い、それぞれの取扱方法を定め、重要情報については社外からのアクセスができないよう設定する方法が考えられる。ただテレワークでアクセスできる情報をあまりに限定しすぎると、

テレワークそのものが成り立たなくなるから、悩ましいところだろう。

事例2　アプリをむやみにインストールすると……悪意のあるソフトウエア

社内で利用を許可していなかったアプリケーション（海外製の動画ダウンロード用ツール）をインストールしたところ、マルウェアも一緒にインストールされてしまった。パソコンの画面上に、見慣れない海外の広告等が表示されるようになってしまった。広告が画面を覆うように表示されるため、作業効率を低下させている。マルウェアをアンインストールしたいができない。

【対策】

ここに出てくる動画ダウンロード用ツールとは、YouTube、ニコニコ動画や中華圏の動画サイトなどを直接ダウンロードするアプリ（ソフト）のことだ。検索すると、「動画を無料ダウンロードできるおすすめフリーソフト」といった結果がたくさんヒットするから人気が高いのだろう。ついついダウンロードしたくなるのかもしれない。しかし著作権を無視して、YouTubeなどに違法にアップロードされた動画のダウンロードはもちろん違法である。

この事例のような怪しげなアプリのダウンロードを防ぐために、「ガイドライン」は次のようなルールをすすめている。

「ルール」

・テレワークで用いる端末への新たなアプリケーションのインストール禁止。プリインストールされたアプリケーション以外は利用できないようにする。

・もしくは、事前に安全性が認められたアプリケーションのみリストアップし、社内で共有する。テレワーク実施者は、リストにあげられたアプリケーションであればインストール可とする。

さらに、リストアップした安全なアプリケーションを在宅勤務者が社内システムで参照できるようにすること。会社のシステム管理者が、在宅勤務者がパソコンにどのようなアプリケーションをインストールしているか把握するよう求めている。

事例3　しばらく使っていなかったパソコンは要注意

専用のパソコンを使用して、年に数回程度テレワークを実施していた。久しぶりにパソコンを開いてみると、Windows10やインストールしているアプリケーションがアップデートされていなかったが、急いでいたのでそのままテレワークを行い、インターネット検索をしながら調査資料の作成を行った。そのときは異常を感じなかったが、次回そのパソコンを起動すると、「このパソコンはウイルスに感染しています。除去用の製品購入が必要です」という偽セキュリティ対策ソフトウエアの広告がしつこく表示されるようになり、作業効率が大幅に低下してしまった。

【対策】

Windowsのアップデートは、動作の不具合やセキュリティ上の弱点を修正するのが目的だ。たまにしか利用しないパソコンはアップデートしてないので起動した直後は、セキュリティ上、脆弱な状態にある。それを甘く見て使うと、この事例のようにパソコンの動作がおかしくなる。

そうならないように在宅勤務者は、仕事に着手する前にOSやアプリのアップデートを行うよう「ガイドライン」は求めている。ただしこうしたアップデート作業には長い時間がかかることもあるため、効率的な作業の実施のためには定期的にパソコンのアップデートを行っておくこまめさも必要だ。

事例4　パソコンの紛失、盗難

在宅勤務のためにパソコンを持ち歩いているが、移動中の電車内にパソコンを入れたカバンをそっくり置き忘れてしまった。パソコン内には、取引実績を含む得意先リストの情報が記録されている。忘れたのに気づいて鉄道会社に問い合わせてみたものの、落とし物としての届け出はなかった。数カ月後、得意先から「御社にしか知らせていない電話番号にセールスの電話が来る」との苦情が寄せられるようになり、営業担当者全員で謝罪に奔走することとなった。

【対策】

盗難や紛失の恐れがあるパソコンについては、会社はパソコン内に情報を保持しないシンクライアント端末を用意し、在宅勤務に使ってもらうことが最も適切な対策となる、と「ガイドライン」は言う。シンクライアント端末は、国のテレワーク助成金制度の条件になっている場合もある（厚労省の「働き方改革推進支援助成金」）。

また、パソコンやUSBメモリに重要な情報を収める場合、盗まれても情報が漏えいしないように、電子データを暗号化するのも有効な対策だ。暗号化の方法としては、パソコンハードディスクやUSBメモリ全体を暗号化する方法とファイル単位の暗号化する方法の2通りがあり、情報の機密性の高さや利用方法に応じて選択する。

また、パソコンを他者に利用されないようにするためには、パスワードのほか指紋や顔認証等によるユーザー認証、操作画面の自動ロック（無操作の状態が一定時間経過すると画面がロックされる）等の設定が必要だ。

事例5　公衆無線ＬＡＮには要注意

公衆無線ＬＡＮを使って電子メールの送受を行っていたところ、添付したファイルに書かれていた秘密情報が、いつの間にか競合企業に知られてしまっていた。

【対策】

公衆無線ＬＡＮは日本では受信できるスポットが少なく、訪日外国人旅行者の「旅行中困ったこと」のトップだったこともあり、増設が望まれている。しかしテレワークにとっては難物だ。

パスワードの設定がされていない公衆無線LANや、ホテルに設置されたインターネット回線等では、同時に同じ回線を利用している他者に通信内容を傍受される恐れがあるからだ。またパスワードが設定されていても、そのパスワードが不特定対象に公開されている場合は、なりすましの偽アクセスポイントを設置され、そこに接続することで通信内容を傍受される可能性がある。

やむを得ず公衆無線LANを使う場合の対策として「ガイドライン」が薦めるのは、秘密情報が書かれているファイルの暗号化や暗号化機能を備えた電子メールアプリの利用だ。VPN（仮想プライベートネットワーク）を使用して、通信経路を暗号化するサービスを利用することもOKという。

事例6　社内システム侵入の犯人は「私」？

会社の情報ネットワークシステムとインターネットの境界にファイアウォールを設置し、インターネット経由で社内システムにアクセスできるのは社員が利用するパソコンのみに制限していた。しかし社員のパソコンがマルウェアに感染し、攻撃者に乗っ取られてしまい、このパソコンを「踏み台」に社内システムへと侵入され、顧客情報が流出してしまった。

【対策】

在宅勤務者は事例2、3で示したように、むやみにアプリをインストールしないこと、WindowsなどのOS（基本ソフト）のアップデートを怠らないことのほかに、もちろんウイルス対策ソフトの導入、ファイアウォール機能の有効化など、自分が利用しているパソコンのセキュリティ強化に注意を払わねばならない。

踏み台にされた可能性を推測する方法があると、「ガイドライン」は教えている。それは、社員のパソコンから社内システムへのアクセスログ（サーバーに対する通信の履歴）を分析することで、不自然さを見つけ出し、攻撃者によるアクセスと疑いをかけるのだ。膨大なログの分析は容易ではないが、情報処理推進機構（IPA）が公開している検出ツール「iLogScanner」を使えば、誰でも簡単にアクセスログ解析を行うことができ、危険な攻撃と思われる痕跡の有無を確認することができる。

このほか、本人であることを厳密に確認する認証を行ったり、アクセスするためのパスワードとしてワンタイムパスワード等を利用し、認証機能を強化したりすることも考えられる。

事例7　パスワードで大失敗

ケースA．自社の略称と誕生日を組み合わせたものをファイルサーバのパスワードとして設定していたところ、何者かに推測され不正ログインが成功した形跡が見つかった。ファイルサーバには顧客の個人情報が保存されており、情報漏えいの疑いのある顧客全員にお詫びを行う事態を招いてしまった。

ケースB．プライベートで利用していたネットショップと同じパスワードをテレワークでも使用していたところ、そのネットショップでパスワードの流出事故が発生し、流出したパスワードで勤務先にも不正アクセスされてしまった。

【対策】

ネット生活が長くなるとパスワードが増えてきて、一つひとつ違うパスワードを登録していたらとても覚えきれない。同じパスワードを使い回ししている人も多いだろう。

しかし、推測されやすいパスワードや使い回しのパスワードは脆弱だ。「ガイドライン」はテレワークで用いるパスワードは、他人に容易に推測されないような文字列を選ぶ、ほかのサービス等で用いているパスワードと異なる文字列を選ぶ、辞書等に記載されている単語等とは異なる文字列を選ぶことを求めている。

そしてパスワード管理の負担を軽減する管理方法として、他者から秘匿したマスターパスワードとなる文字列をひとつ作ることをすすめている。例えばマスターパスワードを「telesec1794」とする。

サービスごとのパスワードは、このマスターパスワードに続けて文字や数字を追加していけばいいのだ。追加分だけをメモや電子ファイルとして保存する。万が一、追加分のメモが漏えいした場合であっても、マスターパスワードを秘匿しておけば、不正アクセスのリスクを抑えることができる。

(例)
マスターパスワード：telesec1794
サービス A のパスワード：telesec1794Se1
サービス B のパスワード：telesec1794k40

サービスＣのパスワード：telesec17942R3

事例8　ＳＮＳは間違って投稿しやすい

テレワーク中に会社から情報提供の依頼メールが来たので、ＳＮＳ（ソーシャル・ネットワーキング・サービス）で、会社の業務用グループに書き込むことで依頼に答えたつもりだった。ところが、うっかり趣味の話題で盛り上がっていた公開のグループに書き込んでしまい、しかもそれに気づかずに放置してしまった。数時間後、外部からの指摘で初めて気づいて削除したが、書き込んだ内容の関係者への謝罪に回る羽目になり、それから3日間仕事にならなかった。

【対策】

いまやコミュニケーションの手段として欠かせないＳＮＳ。それだけに使用頻度も高く、かつスマホの狭い画面で操作するから間違いも起きやすい。電話のかけ間違いに比べはるかに多いはずだ。

こうした性格を踏まえているのだろう、「ガイドライン」はＳＮＳで業務上の連絡とプライベートでの交流を共用するのは情報流出の事故の原因となると警告している。そして、以下のような対策を求めている。

在宅勤務者の対策↓ＳＮＳへの書き込みを行う場合、公開範囲に細心の注意を払う。

会社のシステム管理者の対策。

・業務目的でのＳＮＳ利用を禁止する。
・ＳＮＳの業務利用に関するガイドラインを定め、在宅勤務者に遵守させる。
・ＳＮＳに投稿された内容に自社に関するものがないか、定期的に監視する。

事例9　クラウド利用は安全なのか

あるプロジェクトでパブリッククラウド上に業務ファイルを保存し、外部委託先を含めた関係者で共有していたが設定ミスでアクセス制御がかかっておらず、誰でもアクセスできる状態になっていた。この結果、競合他社に先駆けるメリットが失われてしまいプロジェクトの中止に至った。

【対策】

パブリッククラウドを提供するのは、Amazon Web Services（ＡＷＳ）、Microsoft Azure、Google Cloud Platform（ＧＣＰ）、IBM Cloudなどが有名だ。コロナショックでテレワークを導入するのに、こうした企業のクラウドを利用する会社も多かったのではないか。

「ガイドライン」によるとクラウドサービスに関するトラブルとして、設定ミスによる情報漏えいが多発しているそうだ。クラウドサービスを利用したファイルの安全な共有のために、会社のシステム管理者、在宅勤務者は次の各点に留意することが必要という。

▽重要な情報を保存する用途に利用する前に、アクセスを許可していないＩＤではアクセスできないようになっていることを確認する。

▽脆弱性対策が速やかに行われるなど、セキュリティを重視している事業者が提供するクラウドサービスを利用する。

▽クラウドサービスへのアクセスに用いるＩＤとパスワード、電子証明書等を厳正に管理する。

▽あらかじめファイルを暗号化した上でクラウド上に移送するなど、多重の安全対策を

講じる。

（注1）ＮＨＫ「ホンダへのサイバー攻撃 社内ネット中枢を狙った新たな手口」
https://www3.nhk.or.jp/news/html/20200615/k10012471271000.html
フォーブス「ホンダのサイバー攻撃は『テレワークが標的』、専門家が指摘」
https://forbesjapan.com/articles/detail/35133/1/1/1

（注2）毎日新聞＝共同通信電「原子力規制庁がメール48通を誤送信　21年度概算要求の資料など外部に」
https://mainichi.jp/articles/20200603/k00/00m/010/125000c

（注3）総務省「テレワークセキュリティガイドライン第４版」
https://www.soumu.go.jp/main_content/000545372.pdf

（注4）日本ネットワークセキュリティ協会「２０１８年 情報セキュリティインシデントに関する調査報告書」
https://www.jnsa.org/result/incident/2018.html

（注5）ITmediaエンタープライズ「情報漏えいで委託先が倒産　対応で資金難に陥る委託元企業の悩み」
https://www.itmedia.co.jp/enterprise/articles/1305/24/news027.html

（注6）東洋経済オンライン「経営破綻も起こりうるサイバー攻撃の怖い実態」
https://toyokeizai.net/articles/-/326888

情報共有が難題

「伝えた」と「伝わった」では月とスッポン

インターネットで出合う、あの長ったらしい利用規約や個人情報の取扱いの同意書。きちんと読む気にはなれない。読まずに同意のクリックを押すのが普通だろう。

しかし、ちょっと前に大ブームとなった「ポケモンＧＯ」の利用規約には、やっかいなひと言が入っていた。トラブルが起きた際は、「カリフォルニア州法に準拠する」という、日本人には不利になりそうな条項が書かれていたのだ（注1）。

「ちゃんと利用規約に書いてありますよ」と言われたら、憮《ぶ》然として押し黙らざるを得ない。「伝えた」のは間違いないが、「伝わった」わけではない。

あなたの職場でも、こうしたミスコミュニケーションは起きていないだろうか。メールなど文書でのやり取りが中心になるテレワークの現場では、「テレワークあるある」の一つに違いない。

テレワーク導入の際の課題として、専門家が課題として真っ先に挙げるのは、「コミュニケーションのあり方、情報共有の方法」だ。どうすればメッセージがきちんと伝わり、送り手も受け手も気持ちのいい、スムーズなコミュニケーションができるか考えてみよう。手始めに身近なメールのやり取りから始めよう。

メールのマナー

テレワークの際にメールやチャットでよく問題になるのは、部下に送信したがなかなか返事が戻ってこないで、上司がイライラさせられることだろう。ちゃんと席についていないのでは、と疑ったりする。そうした不信感の積み重ねは、コミュニケーションのすれ違いを生むことになる。

テレワークというより在宅勤務の場合は、原則として、パソコンの前にいることが前提だから、メッセージを受けた側は、すぐに答えられない内容でも、「調べて確認します」といった返事を送っておくと送り手も安心できる。

日ごろからそんなコミュニケーション習慣が確立していれば、返信をすぐに打てない場合でも、「トイレかな」「ひと息入れているのかな」と待ってくれることだろう。

それと少し矛盾するかもしれないが、送り手は「即答」を過剰に期待しすぎないよう心がけたい。返信ができないのは電話中だったり、もう少しで仕事が切りのいいところで終わるからかもしれない。「片方の都合だけを押しつけない」を、メンバー全員がマナーとして身につけるようになれば、ストレスなく意思疎通ができるだろう。早く返事が欲しい場合は、電話などで直接連絡するか、早く対応して欲しいことをメールに書き込めばいいのだ。

メールの書き方のポイント

メールの書き方にも注意したい。重要なのは「一目で読める・わかる」ような明晰な文章にすることだ。そのためには、何を伝えたいのかを自分の中ではっきりさせておきたい。そして、伝えたい内容は最初の段落に盛り込むなど、相手が見落とさないようにしないと冒頭の利用規約のように、受け手は見落としてしまう。箇条書きにしたり太字・色をつけて強調してもいい。「!」「?」といった記号を使うのもいいが、強調が目立ちすぎると幼い印象を与えるのでほどほどに。上司とのメールでは、箇条書きぐらいまでにとどめておいた方がいいだろう。

仕事でメールを使うのは当たり前だが、今回のコロナショックによる在宅勤務で一気に広がったオンライン会議。ウェブ会議、ビデオ会議とも呼ばれるが、遠く離れていても顔を合わせて話し合えて、文字だけでは不足する意思の疎通を補ってくれる。非常に便利な情報共有ツールだが、使い慣れていないために戸惑ったり、リアル会議ほどいいアイデアが出ないといった悩みもあるだろう。そこで使い慣れている人たちの、「なるほど」というアドバイスをネット上で集めてまとめた。

オンライン会議ツールは、Ｚｏｏｍ（ズーム・ビデオ・コミュニケーションズ）がすっかり有名になったが、ほかにもSkype for Business（マイクロソフト）、Microsoft Teams（マイクロソフト）、Google Meet（グーグル）、Whereby（Whereby、旧製品名はAppear.in）、ＬＩＮＥ（ＬＩＮＥ）など、選ぶのに迷うほどだ。

オンライン会議の上手な進め方

では、オンライン会議をうまく進めるための知恵を紹介していこう。

※以下、「コミュニティの実験室」「あやとり—戦略的ウェブサイト構築集団—」「digital-moon」「トップゲート」「働き方改革ラボ」の各サイトの記事を参考にさせていただき

ました。

【会議前にやっておくこと】

▽パソコンの周囲をチェック

会議を妨げるような騒音が発生する心配はないか確認しておく。会議が始まる前に自分の場所を映し、背景をチェックする。自宅を映されるのが気になるなら、背景を画像に替えるのも可能だ。

▽議題を事前に送る。リマインダーも忘れずに

主催者は会議の目的と議題を必ず事前に送り、メンバーに共有してもらう。会議の「全体像」をお互いに理解しておくことで、時間内に効率よく話を進めることができる。

また会議に参加するためのURLがわからなくなったり、会議自体を忘れてしまうメンバーに備えてリマインダーメールも送っておいた方がいい。

▽主催者は会議5分前には接続する
少し早めに接続した参加者に、「いつから始まるのかな……」と不安にさせるより、そんな参加者と雑談をして場づくりをしておく。

【会議中】
▽全員が参加できているか確認する
会議が始まる前に、接続トラブルでトークルームに全員そろっているかチェックする。司会者が名前を呼んで、答えてもらおう。
▽雑談時間を設ける
話し合いを始める前に、少し雑談時間を設けておく。参加者が操作に手間取る可能性もあるので、時間に余裕を持たせておいた方がいい。
▽マイクはミュートに
オンライン会議は聞き取りづらかったりするので、音の環境確保が重要。風や機械の音など、普段は気づかない雑音が会議の妨げになりうる。このため自分が発言するとき以外は、参加者は音声をミュート（消音）にしておく。雑音やハウリングが入りやすい

環境のときは、マイク付きイヤホン（ヘッドセット）を使うといい。

▽サインを活用する

発言者以外はミュートにするとリアル会議と異なり、相槌などが聞こえずほかの参加者の反応がわかりづらい。そこで会議冒頭に司会者が、「発言を聞いて理解ができたら、OKサインを出してください。逆に質問がある方は挙手してください」などと、ルールを伝えておくと意思が伝わる。

▽オンラインホワイトボードの活用

会議ツールにホワイトボード機能がある場合は、積極的に利用すべきだ。話のポイントを視覚でとらえられる状態にしておくと、参加者の考えもまとまりやすくなる。

▽司会はどんどん指名する

オンライン会議はリアル対面とは違って、同じ場にいる気軽さがないし慣れてもいないので、発言がしにくいと感じる参加者もいる。

このため司会者が、「どなたか意見ありますか？」と発言を求めるより、「Aさん、Bさん……Eさんの順番で意見をお願いします」と指名して、どんどん振った方が発言しやすくなる。

そのほかの情報共有ツール

情報を共有するためのツールは、ほかにも仕事の進捗状況を可視化して、ほかの人がどんな仕事をしているのかがわかる「タスク管理ツール」(Chatwork、Backlog、Group Taskなど)や、インターネット上に置かれたファイルを共有する「ファイル共有ソフト」(OneDrive、MEGAなど)がある。さらに仮想オフィスを提供するソフト(RemottyやSococo)まである。

こうした情報共有ツールは、テレワークにおけるコミュニケーションを円滑にしてくれるのは間違いない。IT系企業の中には、オフィスなしで全員テレワークの会社も出てきている。しかし、ちょっと声をかけるだけで緊急の打ち合わせを開くこともできる対面コミュニケーションの利点も捨てがたい。その利点を残すためにテレワークが日常化しても、週の半分は在宅勤務、残りの半分は職場勤務として、情報共有が損なわれない道を選ぶ企業が多いのではないだろうか。

(注1)東洋経済オンライン「『ポケモンGO』利用規約に仕組まれた〝ワナ〟」https://toyokeizai.net/articles/-/128679?page=2

テレワークなのにハンコ出社

「しょせんは民・民の話だ」という竹本直一IT相の記者会見でのセリフは、大きな反発を呼んだ。「日本のハンコ文化が在宅勤務の妨げになっているのではないか」と、緊急事態宣言真っ最中の2020年4月の記者会見で問われ、返ってきた言葉だ。

竹本IT相は会見で、役所の届け出はデジタル化が進んでおり、「役所との関係ではそういう問題（妨げ）は起きない」と、脱ハンコをやりたければ民間企業が勝手に進めればいいと言わんばかりの態度だった。

これほど露骨な「われ関せず」の大臣の言

葉を聞いたら、在宅勤務中なのに押印のためにだけ出社するサラリーマンたちから怒りを買うのも当然だろう。まして竹本ＩＴ相が「日本の印章制度・文化を守る議員連盟」（はんこ議連）の会長だったことから火に油を注いだ。

メーカー勤務の男性はTwitterで、「社印押印のため出社。部下と2人で多分200〜300枚程度の書類に押印。9割型が官公自治体向けの書類です。ハンコ出社が民民の話と仰る方には弊社にお越しいただき、是非、押印担当をお願いしたい」とハンコ出社のムダ、馬鹿らしさを表現するとともに竹本ＩＴ相を大いに皮肉った（ただし、竹本ＩＴ相は民間と自治体についてはハンコ文化が残っていると言っている）。

企業で取引に使われるハンコは、会社の権利関係を明らかにする重要なものなので、紛失しないよう社外への持ち出しを禁止しているのが一般的で、どうしても出社せざるを得ない。しかし必要欠くべからずとはいえ、とても生産的な仕事には見えない。テレワーク時に「やむを得ず出社」した人の半数近くが、「契約書の押印・送付のため」だったという調査結果もある（契約マネジメントシステム「ホームズクラウド」を運営するHolmesが、2020年4月20〜21日に契約関連業務の経験がある社員872人を対象に実施）。

つまり日本の現状は、テレワークを徹底させようと思うなら、同時に脱ハンコを実現する紙の契約に代わる電子契約システムをセットで導入させる必要があるのだ。電子契約は少しずつ普及しているものの、多くの企業にとって契約の主役は紙とハンコであり、LINEのようなIT企業でさえ1カ月で処理する紙の契約書数が、1000通を軽く超えるという。

LINEでは、社内のあちこちの部署から契約の電子化を求める声が上がっており、電子契約システム導入に向けた作業を加速させている。メルカリ・メルペイ、GMOインターネット、サントリーホールディングスも「印鑑廃止」を決めた。東北大学も学内限定だが押印を廃止し、各種手続きのオンライン化に踏み切った。東北大では廃止によって、年間約8万時間の作業時間の削減が期待されるというから、業務効率化の効果は大きい。

世の中の流れは契約の電子化に向かっているように見える。だが脱ハンコには後述するように、簡単には越せないハードルもある。取引の一方だけがいくら電子化を進めても、相手が同意してくれなければ脱ハンコは成立しないので、社会全般に普及するまではまだまだ時間がかかりそうだ。

図1　電子契約の流れ

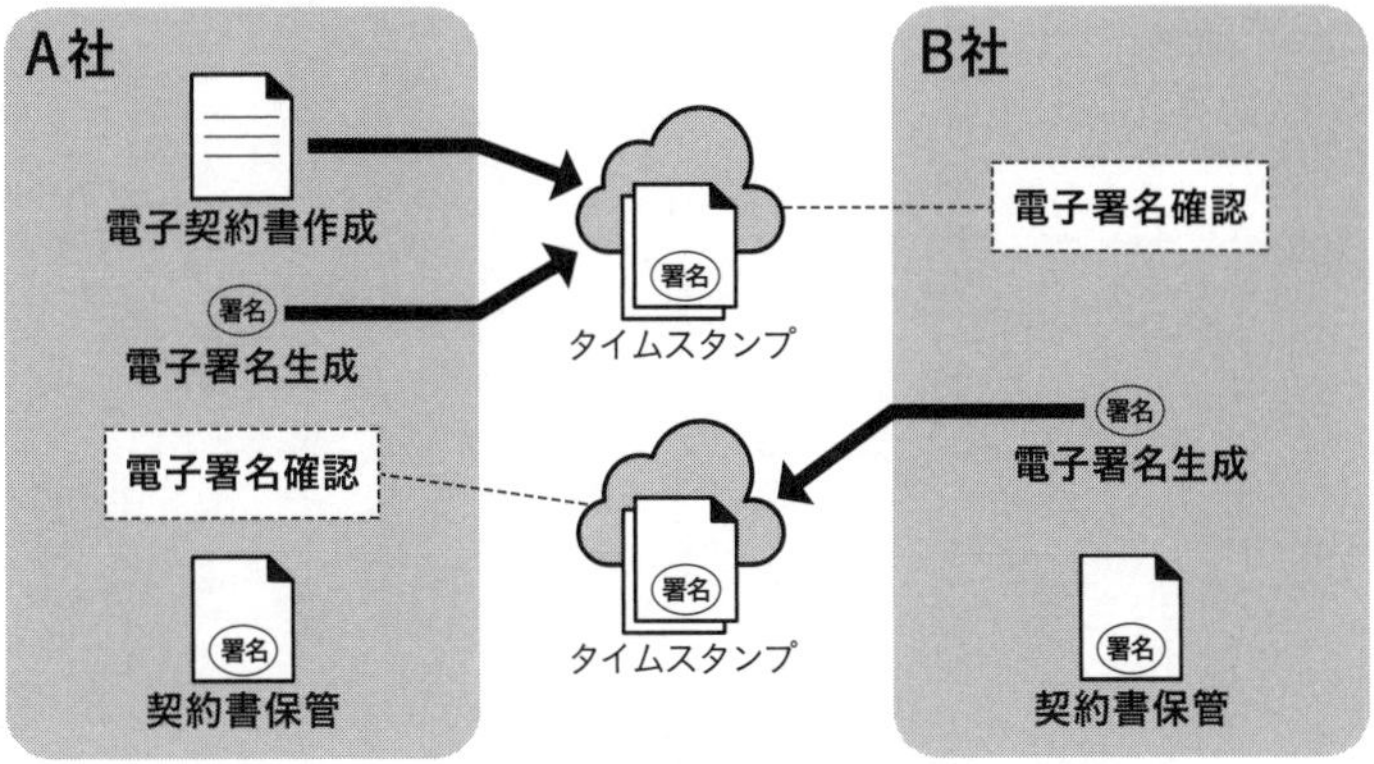

さらに、電子契約には利点も多いがいいことづくめではない。定期借地契約など、書面でなければ契約として認められないものがいくつか存在するなど、落とし穴も待っている。

電子契約の仕組み

以下、ハンコ不要の電子契約を点検していくが、まずはその仕組みから紹介しよう。

電子契約とは、インターネット上で電子署名を使って取り交わす契約のことだ。全体像をつかめるよう流れを示しておこう。例えば、A社がB社に電子契約を送る流れは次のようになる（図1）。

契約書PDFファイルのやり取りはメール添付でも可能だが、最近はクラウド上でやり取りするサービスが増えている。

①A社が電子契約書を作成して電子署名し、タイムスタンプを押印して送付する。
②B社は、契約書の内容とA社の電子署名を確認する。OKならば、B社の電子署名とタイムスタンプを押印して返送する。
③A社がB社の電子署名を確認する。
④両社が契約書を保管する。

電子契約で法的効力を持たせるものとして必須になるのが、電子署名とタイムスタンプだ。電子署名とは、紙の契約書における押印または署名に当たる。電子署名法は、「電子署名が行われているときは、真正に成立したものと推定する」（第三条）と、電子署名が法的効力を有することを認めている。秘密鍵や公開鍵と言ったセキュリティの仕組みを持つことで、正式に認証された契約書として法的効力が担保される。

電子署名を利用するには事前に認証機関に届け出て電子証明書を取得しておく必要がある。タイムスタンプは、電子署名が行われた時間を証明する。なので電子署名と同時に埋め込まねばならない。正確な時刻を管理できるデータ通信協会の認定のサーバーによるタイムスタンプが使用される。

電子証明書とは

電子署名を利用する前に取得しておくべき電子証明書について、少し説明しておこう。

電子証明書とは、紙の世界では印鑑証明書に当たる。例えば、Aさんの電子署名が送られてきても、それが本当にAさん本人が署名したものかはわからない。そこにAさんであることを保証する電子証明書が添えられていれば、間違いなく本人であることを確認できる。

だから電子証明書を発行するのは、第三者機関でなければ意味がない。電子認証登記所のような公的な機関だけでなく、帝国データバンク、セコムトラストシステムズなど民間会社に申請しても取得できる。マイナンバーカードには取得時に埋め込まれる。なお、電子署名、電子契約については、日本情報経済社会推進協会の「電子署名・認証センター」が詳しい（注1）。

電子契約の落とし穴

電子契約の概要がつかめたところで、脱ハンコへのハードル、電子契約の落とし穴について触れよう。

まず電子契約の導入に踏み切っても、顧客や取引先などが了承してくれないと宝の持ち腐れで終わる心配がある。取引先に電子証明書を取得してもらったり、同じクラウドサービス（後述）を使ってもらったりするなど手間をとらせてしまう。

社外だけでなく、実際に契約の仕事をする自社スタッフの理解も得る必要がある。電子契約に抵抗感のある社員も少なくないだろう。また書面契約ならば、署名したあとでもギリギリまで考え直すことができるが、電子契約は一度署名し、送信すると撤回ができない。このため契約内容に撤回条項などを設けることが必要だ。

Ｗｅｂ契約ならではの落とし穴もある。パソコンの画面で契約書を読むことに慣れていないと契約条項を読み落とす恐れがある。さらに同意ボタンをクリックするだけで契約が成立する場合などは、誤解があるまま契約を締結してしまう。

また書面でないと契約として認められない契約書がいくつかある。定期借地・定期建物賃貸借契約や宅地建物売買等媒介契約、訪問販売等特定商取引における交付書面などがそれだ。

過去には、書面化が義務づけられていた労働条件通知書の電子化が解禁されるなど、電子化に向かいつつあるが取引金額が大きく、長期にわたる不動産関係の契約は解禁に慎重だ。このため不動産関係の会社で電子契約を導入すると、書面の契約と電子契約が混在して業務がややこしくなり、かえって手間がかかる恐れがある。

もちろんメリットも数々ある。まず契約文書の管理が楽になることだ。書面の場合、契約書原本を厳重にファイリングして保管する手間がかかる。保管スペースも必要だ。電子契約ならばデータになっているので、保管しやすく検索もしやすい。契約文書の管理機能がセットになっている電子契約サービスを利用すれば、契約満了日をアラートしてくれるので期日管理が楽になる。

また書面による契約書には印紙税がかかるが、電子契約は印紙代がいらない。契約書を郵送する必要もないので、ネット上でスピーディーに契約を締結することができる。

印紙税は契約金額に応じて変わる。工事請負契約書、工事注文請書、広告契約書、映画俳優専属契約書など請負に関する契約書の場合、契約金額が1億円を超え5億円以下ならば10万円かかる。50億円を超えると60万円だ（注2）。電子契約ならばゼロだからメリットが際立つ。

コロナショックによる在宅勤務拡大で、電子契約も加速化している。国内の電子契約市場は弁護士ドットコムの「クラウドサイン」が高シェアを占めているが、利用者が伸びており、同社は2021年3月期のクラウドサインの売り上げを前期比2倍以上と予想している（注3）。

クラウドサインを導入した三井不動産リアルティは、賃貸住宅の契約作業が大幅に短縮したという。これまで最低でも1週間かかっていた契約作業が、最短数時間で完了するというのだから驚く。借り主が希望すれば、ネット上で賃貸借契約を締結できる。ネット経由で内容を確認し、スマートフォンの「同意」ボタンを押すだけでいいのだ。紙の賃貸借契約書を交わしていない。Web上の契約書には弁護士ドットコムの「電子署名」を付与することで証拠力を担保する（注4）。

電子契約サービスは、このほかにも世界180カ国以上で電子署名が利用されているDocuSign、Adobe Sign、NINJA SIGN、Holmesなど数多くある。

どのサービスを選ぶかは、セキュリティ対策が十分か、対応種類が豊富かがポイントになる。セキュリティ対策は、「暗号化送受信対応、タイムスタンプ、電子署名、自動バックアップの有無」といった機能が搭載されているかチェックしたい。対応書類は契約書だけの利用に限らないので、取扱い可能な書類を確認しておいた方がいい。

海外でハンコが使われるのは、東アジアの国・地域に限られ、欧米では手書きのサインが一般的だ。日本でも、法令などで押印が義務づけられているのは、不動産の売買契約や会社の代表取締役の変更など一部にとどまる。多くの場合、慣行で押しているに過ぎない。ハンコを署名に代えるのならば、すぐにでもできることだ。

政府も竹本IT相は別として「脱ハンコ」を後押ししている。安倍晋三首相は2020年4月の経済財政諮問会議で、押印や書面提出の制度、慣行の見直しを指示した。

一方で、電子署名をベースとする現行の電子契約システムは、古い技術であり最近急速に進んだブロックチェーン技術を取り入れるべきだとの意見も出ている。世界に先駆けた効率的、合理的なシステムを取り入れ、「脱ハンコ」社会を目指すいい機会ではないか。

（注1）https://esac.jipdec.or.jp/index.html
（注2）国税庁「No.7140 印紙税額の一覧表（その1）第1号文書から第4号文書まで」
https://www.nta.go.jp/taxes/shiraberu/taxanswer/inshi/7140.html
（注3）ブルームバーグ「はんこ離れ加速か、電子契約の売り上げ今後数年倍々に－弁護士ドットコム」
https://www.bloomberg.co.jp/news/articles/2020-05-20/QACQC7T1UM0Y01

（注4）日本経済新聞「弁護士ドットコム、電子契約で先行　6万社超が利用」
https://www.nikkei.com/article/DGXMZO54886080X20C20A1TJ2000/

働かないおじさん

テレワークの導入は、「働かないおじさん」をあぶり出した。職場での会議にはきちんと出席していたのに、在宅勤務になってオンライン会議が始まってからは姿を見せない、そんなおじさんたちだ。

その言葉を聞いて、どんな人物像かだいたい思いつくかもしれない。職場にいる具体的な顔を思い浮かべる人もいるだろうが、働かないおじさんたちは、実は日本型経営の申し子なのだ、と聞いたら驚くだろうか。

もっともそんな分析を聞かされても、おじさんたちの〝被害者〟である若い世代の腹立ちはおさまらないだろう。まずは大手企業に勤める女性社員による、皮肉を込めた「働かないおじさん7つのタイプ」を見てもらおう（注1）。

①意図的に働かないガチタイプ
開きなおっている確信犯
②とにかく言い訳サボりタイプ
少しの仕事量を大げさに言い「こんなにできません」
③甘えん坊タイプ
状況を人が整えてくれるまで手を動かさない
④評論家タイプ
自分から案を出さず、人が出した案に文句ばかり
⑤勘違いマネジメントタイプ
人に仕事をパスすることを仕事だと考えている
⑥子泣き爺タイプ
工夫すれば自分でできるが周囲に聞き、人の仕事を増やす
⑦勘違いエリートタイプ
「自分はエリート社員なので雑用はしない」と仕事選り好み

多少のデフォルメはしているのだろうが、「出社して職場にはいるけれど、仕事を片づける気持ちはさらさらなく、まるで部外者のようで当事者意識がない」というおじさんたちの心をタイプ別に見透かしている。

この女性社員が言うには、リーマン・ショックのときにリストラがあって、仕事ができる人たちが真っ先に辞めてしまったそうだ。

「働かないおじさん」に早くから注目して、日本の人事システムとの関係を分析してきた人事コンサルタントの楠木新氏は、こんな典型的な例を紹介している。

「不動産会社のリフォーム部門に在籍する20代の社員Aさんは、50代の男性社員とペアで営業活動を行っている。そのオジサンは時間にルーズで、アポイントメントの時間に遅れてくることすらある。顧客を前にして相手の要望を引き出すのもリフォームのメリットを説明するのも、すべてAさんの役割だ。オジサンは横にいて、ただうなずくだけ。

会社に戻ってからの顧客情報の整理、活動報告書の作成、上司である課長への報告もすべてAさんが担当している。以前は課長への報告はそのオジサンに依頼していたが、課長から『君から直接報告してほしい』とやんわり指示されたという。」（『働かないオジサンの給料はなぜ高いのか』143ページ、新潮新書2014年4月発行)。

会社に出ていたときは格好がついたし、冗談を言うのがうまければ職場の潤滑油的な役割を果たした中高年社員もいただろう。しかし、どこの社も在宅勤務を実施するようになり、仕事の成果を求められるようになると、働いていないことがクローズアップされてしまった。

給料ギャップに怒り

若い世代の社員たちが特に怒っているのは、働かないおじさんたちが大した貢献もしていないのに高い給料を得ていることだ。それに比べて、しっかり仕事をしているのに自分たちの給料が低い、という不満だ。

二つのギャップと言っていいかもしれない。一つは、中高年社員の生産性と報酬が見合わぬギャップ。もう一つは、若手社員と中高年社員の給料のギャップだ。これらのギャップを生んだのは、日本型経営を支えてきた年功序列型の賃金制度だ。

日本の企業は、社員の勤続年数や年齢によって賃金が上がっていく年功序列型が主流だった。結婚して家庭を持ち、子供を育てるという将来設計を描く社員にとっては、子育てでお金がかかる時期に賃金が上がっていくので、ありがたい仕組みだ。

その代わり若いときは、生産性に見合わない低水準の賃金に甘んじなければならない（図2）。報われるのは将来のことだから、それまでは辞めるわけにいかない。転職する気にはなれない。会社としては報酬を先延ばしすることによって、社員から帰属心を得ることができた。

こうした説明は当たっているのかもしれないが、だからと言って働かないおじさんに怒っている若い社員がそれで納得するだろうか。終身雇用、年功序列が安定していた昔ならば納得したかもしれない。しかし、いまやトヨタ自動車の豊田章男社長が、「終身雇用を守っていくのは難しい局面に入ってきた」と口にする時代だ。いまの若い世代は将来、終身雇用、年功序列が維持されているかは不透明だ。だったら生産性に見合った、成果に見合った賃金をいま出してもらいたいと訴えたくなるのは当然だ。

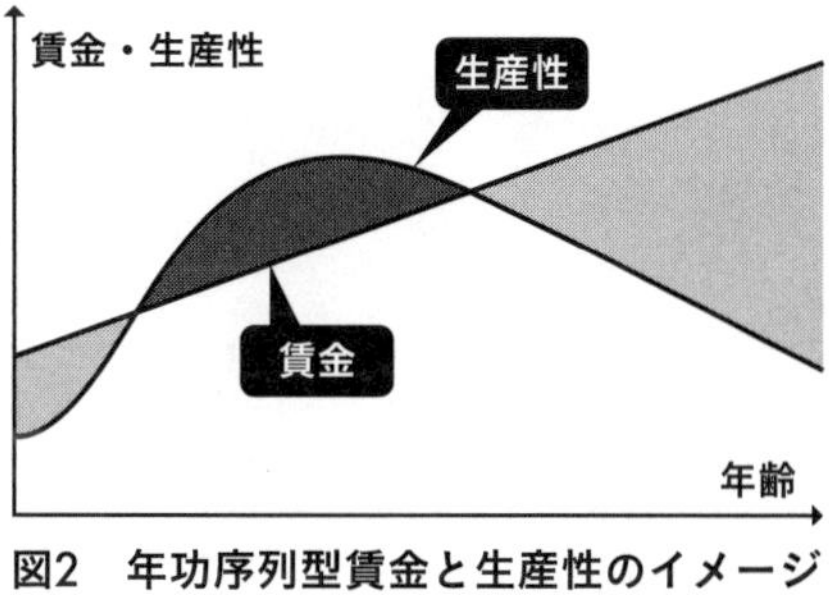

図2　年功序列型賃金と生産性のイメージ

厄介者扱いにされる「働かないおじさん」だが、なぜ目につくほどたくさん生まれたのか。どうやらそもそもの原因は、再び日本特有の人事慣行らしいのだ。前出の楠木氏は、「新卒一括採用＋ピラミッド構造」に起源があるという（前掲書145ページ〜）。以下、楠木氏の考察である。

新卒一括採用は日本独特の雇用慣行であり、銀行などは毎年数百人規模を採用する。入行すると出世レースが始まる。まず係長クラスのポストをめぐる昇進競争。役職や給与で差がつき始める。

30代後半になると管理職の選別が行われる。一般企業ならば課長クラスの登用だ。大手銀行でこの管理職のポストを最短で射るのは、同期入社のうち全体の2〜3割程度という。その後も支店長、本部の部長、役員などの選別が進んでいく。

しかし会社組織はピラミッド型になっているので、上へ上へと昇進競争が進むにつれポストは少なくなってくる。ピラミッド構造から脱落する社員が増えていく。

銀行で「働かないおじさん」の生まれる理由について、支店長を経験した元都銀行員は、「役職が上がるにつれてポストは減少し、元気のある後輩もいるので、どこかで権限のある役職から離れざるを得ません。そのときにオジサンは、頑張ってもこれ以上は給料が増えないし出世もしないことに気づきます。同時にそれほど働かなくても給料はそんなに下がらないことも知っているんです」と語る。

出世競争からはじかれた中高年社員の心のわだかまりは、あとあとまで残ってしまうのだ。

組織人事コンサルティングなどを手がけるパーソル総合研究所の小林祐児・主任研究員も楠木氏と同じ見解だ。「40歳を超えるころ、さすがに昇進のハシゴは細くなり、選抜される社員とそうでない社員に明確に分かれていく。そうすると、選抜から漏れた社員や昇進が頭打ちになった社員から、『競争に敗れた者』として仕事への意欲を失っていく。仕事そのものへの専門性や、社会的な意味を見いだすことができない限り、モチベーションの源泉が失われてしまいがちだ」（注2）。

活躍する中高年社員

どうやら、「働かないおじさん」が抱える後遺症が治るのは容易ではなさそうだ。ただ、みんながみんな回復できないかというとそうでもない。

というのは、会社で活躍している中高年社員はけっこういるからだ。パーソル総合研究所と法政大学大学院の石山恒貴研究室が、2017年に共同で行った研究がそのことを明らかにしている。

「ミドルからの躍進を探求するプロジェクト」（注3）と題した研究で、ミドル・シニア社員4700人を対象とした大規模定量調査に加え、旭化成エレクトロニクス、パイオニアでのインタビュー調査にもとづいている。（この研究のミドルとは40〜54歳、シニアは55〜69歳を指す）

研究は、ミドル・シニア社員を仕事の活躍度ぶりから「躍進層」、「中間層」、「非躍進層」に分けた（この実態調査の対象は2300人）。

判定の物差しは次の5項目だ。

1. 任された役割を果たしている
2. 担当業務の責任を果たしている
3. 仕事でパフォーマンスを発揮している
4. 会社から求められる仕事の成果を出している
5. 仕事の評価に直接影響する活動には関与している

この5項目に対する回答によって分類したところ、こんな結果になった。

▽躍進層＝21・2％、
（全5項目において「あてはまる」以上を回答した人）
▽中間層＝48・5％
（全5項目のうち、1項目以上4項目以下に「あてはまる」以上を回答した人）
▽非躍進層＝30・3％
（全5項目において、いずれも「あてはまる」以上を回答していない人）

躍進層は5項目すべてがあてはまるのだから、相当のやり手、自信家だろう。現在の役職によって回答も違ってくるだろうと想像できるが、その通りだ。役職が上位の人ほど「躍進層」の割合が高くなった。

事業部長相当（53人）は60・4％、部長相当（276人）33・7％と相平均よりもかなり高い。しかし係長相当（170人）23・5％、主任・リーダー・班長相当（223人）17・5％、一般社員・従業員（941人）14・3％と、役職が上位ではなくても躍進層はそれなりにいる。

中高年になっても活躍している社員になりたいものだ。研究チームは調査アンケートをもとに、躍進するミドル・シニアの行動の特徴を洗い出した。

その結果、躍進を促す5つの行動特性を見出した。この行動をお手本にすれば活躍できるようになるというわけだ。その5つの行動とは、①仕事を意味づける、②まずやってみる、③学びを活かす、④自ら人と関わる、⑤年下とうまくやる、である。

もう少し詳しく説明しよう。

①仕事を意味づける

「出世や昇進に有利な仕事である」のような外的な条件が仕事の動機になるのではなく、「専門性を発揮できる仕事か」「社会や組織の課題をいかに解決する仕事か」といった社会に対する意義・自分にとってのやりがいにもとづいて仕事を捉える態度を指す。

②まずやってみる

躍進しているミドル・シニアには、「失敗を恐れず、新しい仕事に積極的にチャレンジする」という行動特性がある。

③学びを活かす

過去の経験を通じた教訓を振り返って自分の考えに昇華し、異なる場面でも適応できるように自分のノウハウにすることを意味する。過去に経験した出来事をほかの場面でも活用できるよう、経験から得た教訓を自分の言葉で語れるようにしておくこと（自論化）も重要だ。

④自ら人と関わる

社外や他部門など多様な人とのコミュニケーションに意欲的で、積極的に自分とは異なる主張や意見を引き出し、受け止めようとする。

⑤年下とうまくやる

仕事の目的を達成することが最も重要であ

り、相手との年齢差は、目的とは無関係なのでこだわらない。逆に年下上司からの指摘を素直に受け止められなかったり、年齢差にこだわって仕事をうまく進められないと躍進のブレーキ要因となる。

働かないおじさんたちも、躍進層を見習ってもらいたいものだ。

（注1）ABEMA Prime、4月20日放送
https://www.youtube.com/watch?v=e8eDxqZzy1I
（注2）ダイヤモンド・オンライン
「コロナ下の在宅勤務で再燃する『働かないおじさん問題』に見る病理」
https://diamond.jp/articles/-/238991?page=2
（注3）パーソル総合研究所「『働かないオジサン』は本当か？
データで見る、ミドル・シニアの躍進の実態」
https://rc.persol-group.co.jp/column-report/201712041300
「躍進するミドル・シニアに共通する5つの行動特性」
https://rc.persol-group.co.jp/column-report/201801311100

期待通りに生産性は向上しない

皆が同じ場所で働くという、当たり前と思われていた仕事のやり方を変え、テレワークを導入するのはそれなりの期待があるからだ。導入を進めてきた企業は、生産性の向上、有能な人材を確保しやすくなる、コストダウン、今回の新型コロナウイルス流行や地震・台風などの災害時でも事業継続できる、それに政府が進める働き方改革（長時間労働の削減等）の実現などを目的としていた。

もちろん、導入推進企業がこれら5項目すべてを目的としているわけではなく、企業の業種、規模などそれぞれの事情によって、目的への意欲の濃淡に違いはあるだろう。ただ、中でも「生産性の向上」は、どの企業も二重丸をつける目的だ。1章でも紹介したが総務省の調査によると、企業のテレワーク導入の目的について、58・3％の企業が「労働生産性の向上」を挙げた。

仕事の効率下がった

新型コロナウイルス流行下、半ば強制的に始まり普及した在宅勤務だったが、生産性は向上したのだろうか。各種調査をみるとあまり芳しくない。

日本生産性本部が5月に発表したアンケート調査は、在宅勤務での仕事の効率について尋ねたところ、効率が「下がった」「やや下がった」と感じる人が計66・2％と半数を大きく超えた（注1）。

効率が「上がった」は7・2％、「やや上がった」は26・6％と効率アップを実感したのは3割強にとどまり、逆に「やや下がった」41・4％、「下がった」24・8％だった。調査は「自宅での勤務は、期待通りの成果を挙げていないことがわかる」と述べている。

性別、年代や子供の有無などの世帯構成とも関連性はなかった。（調査は、政府による緊急事態宣言の発出から約1カ月後の2020年5月11日（月）〜13日（水）、20歳以上の日本の雇用者、就業者から自営業者、家族従業者等を除く、1100人を対象にインターネットを通じて行った。うち在宅勤務者は319人）。

日経BizGateの調査でも、テレワークの生産性について、「上がった」「やや上がった」

が計27・3％、「やや下がった」「下がった」が計42・4％と、「下がった」と感じる人の方が多い（注2）。

今回のテレワーク導入は準備不足のままスタートし、会社も社員も知識、ノウハウや心構えが不十分だったことが芳しくない調査結果に反映しているのかもしれない。

まず自宅での仕事環境だ。作業用の机とイスがない家庭もあるだろうし、あっても夫婦で在宅勤務になって、どちらかがダイニングテーブルで作業するというケースもある。必要な書類を会社なら大量にプリントアウトできるが、自宅ではそれができない。PC画面だけで閲読するのに慣れておらず、疲れてしまう人もいるだろう。上司や同僚との連絡も職場ならば、忙しいか、そうでもなさそうかすぐわかるので声をかけやすいが、メールやチャット、電話では相手の状況がわからず、声をかけにくい。仕事でちょっと聞けばわかる話を、在宅では聞きそびれたまま、仕事が進まないということもある。

オンラインで会議をやるにも、手間取ってなかなか始まらなかったりする。こうした困った話を体験者に聞いたらキリがないほど出てくるだろう。効率、生産性が下がると感じるのも無理はない。

このうち一定のルールを作ったり、慣れてくれれば解決するものもある。プリンターのインク代など仕事に必要なものは、会社が負担した方がいいだろう。しかし、仕事をするスペースがないという悩みなどは、大きな家にでも引っ越さない限り、解決しようがないから現状で何とかやりくりするしかない。そう考えると、「効率が下がる」と回答する割合はある程度小さくなっても、これ以上は下がらないという領域がありそうだ。会社もそれを覚悟しておいた方がいい。

成功企業を見る

しかし、テレワークに成功している企業は山ほどあるのも事実だ。テレワークを導入した企業の4割近くが、導入によって「得られた／得られつつある」成果として、「生産性向上」を挙げている（『テレワークではじめる働き方改革』厚労省）。この数字、逆に言えば残りの6割の企業は、現状維持か下がったということになる。まったくの偶然だが、生産性本部の調査の6割と符合する。

それはご愛敬の偶然の結果だったとしても、問題は4割の成功企業になるにはどうすればいいのか。まず在宅勤務＝テレワーク、という等式を捨てることだろう。在宅勤務はテレワークにとってかなり重要なパートを占めるが、テレワークはそれだけではない。

イコールと捉えてしまうのは、テレワークと言えば、これまでは育児や介護で会社に出てこられない人のための在宅勤務制度と結びつけて考えられていたからだ。企業も制度を整えることに注力しがちだった。ましてやコロナショックでは、外出自粛が初めにありきだったから、在宅勤務に人々の関心が集中し、それがテレワークと同義で使われるようになった。

そうなるとテレワークの本質を見失いやすい。テレワークで「肝心なのは、業務そのものを見直して、生産性の高いやり方に変えていくことなのです」と、元日本テレワーク協会主席研究員の中本英樹氏は指摘する（注3）。

本当は在宅勤務に入る前に「業務そのものの見直し」が必要だった。これについては後述する。

在宅勤務＝テレワークでないことは、日本のヤフーの例を見るとよくわかる（日本のヤフーはソフトバンクグループの一員で、旧米ヤフーとはいまは資本関係はない）。

ヤフーは2014年4月に〝どこでもオフィス〟という名称でテレワークを全正社員対象で導入した。自分が効果的に働ける場所であれば、海でも山でもＯＫで、そこがオフィスになるというスタイルだ。在宅にも縛られない。本当に海や山で仕事になるのかと疑問に思うが、狙いは世の中の変化に応じたニーズをつかむことにある。

世の中が、パソコンからスマートフォンへとインターネットを使う環境が〝持ち歩くスタイル〟に変化したのに、サービスを提供する側がデスクにへばりついていて、利用者の最適なニーズがわかるのだろうかという疑問が、導入の一つのきっかけになったという。街で実際にスマホを使う人たちの姿がヒントとなって、新サービスを生み出すイノベーションにつながるかもしれないのだ。

同社の担当者は、「社員に多くの経験をインプットしてもらうことによって、仕事でのアウトプットに還元されればと、働き方改革を始めました」と語っている（注4）。

同社は、導入当初は上限を月2回に設定していたが、業績が下がるような悪影響が出なかったうえ、社員がほぼ月2回を利用しきるようになったので、月5回となった。

ヤフーのようなインターネットに関連する事業を展開する会社だから、一層有効に機能したとも言えそうだが、ほかの業界でも参考にできる面はあるだろう。ちなみにヤフーではテレワークを利用していない人もいる。理由を尋ねると「家には誘惑するものが多いので、会社に来た方が仕事がはかどる」という声が多かった。多様性を確保しておくことも大事なのだ。

生産性を高めるやり方

さて、最後にテレワークの本質、最終的目標である「生産性の高いやり方に変える」についてもう少し考えてみよう。

この目標を達成するために必要なのは①業務の見直し、②ネットワーク上の情報共有である。業務の見直しは、いまどんな仕事をやっているか洗い出し、これを切り分け、誰がどの仕事を担うか業務分担を明らかにする。この作業は同時に仕事のやり方を改めて見直すことにつながり、やる必要のない業務の特定や、業務の進め方、手続き方法を改善するチャンスになる。在宅でできる仕事、できない仕事もはっきりさせることができる。

「うちの部署の仕事は、在宅なんて無縁だ」というあきらめも、この業務の見直しでそれが思い込みに過ぎなかったことがわかるかもしれない。

日産自動車では、自動車の安全性や走行性能を実験する実験部が在宅勤務を導入した。走行実験は当然在宅ではできないが、部内にある一つひとつの仕事を精査すると、企画書の作成や結果の分析という作業は切り分けて在宅でもできることがわかったのだ。できそうもない部署が導入したので、ほかの部署も「うちでは在宅は難しい」とは言えなくなったという（注5）。

次に、メンバーが情報共有するシステムを用意しておかなければならない。オフィスにいるならば、会議に必要な文書はプリントアウトして共有すればいいが、離れた者同士はネットワークを利用するしかない。そのためには社内のペーパーレス化を図り、書類や記録の電子化を進める必要がある。

ペーパーレス化は1980年代から言われてきたが、浸透しなかった。しかし、パソコンでの業務が当たり前になってからは、社内文書は過去の文書やメモ書きでもない限りデジタル化されているだろう。読むときもパソコンを使えばペーパーレスは完結するので、あと一歩のところには来ている。ただページ数の多い文書だと、紙と違って読み返したり、別のページと比較したりするのはやっかいだ。

「あと一歩」でも長い一歩であり、テレワーク成功の妨げになるかもしれない。

（注1）共同通信「在宅勤務、効率下がった66％」https://this.kiji.is/636493712757015649?c=39550187727945729
日本生産性本部の原データ「新型コロナウイルスの感染拡大が働く人の意識に及ぼす調査」はこちら、図23.

https://www.jpc-net.jp/research/assets/pdf/5f4748ac202c5f1d5086b0a8c85dec2b.pdf

（注2）日経BizGate「収束後もテレワーク中心に働きたい」4割　現状はストレスも
https://bizgate.nikkei.co.jp/article/DGXMZO5879473006052020000000/

（注3）Business Network Lab「なぜ、テレワークを導入しても生産性が上がらないのか」
https://bnl.media/2019/07/PERSOL.html

（注4）総務省「体験者の声」
https://www.soumu.go.jp/main_sosiki/joho_tsusin/telework/furusato-telework/voices/yahoo.html

（注5）リクルートワークス研究所「在宅勤務を始めたい×生産性低下が心配」
https://www.works-i.com/works/series/dilemma/detail005.html

第3章

社員がはまる落とし穴と対策

夫婦危機を招く在宅勤務

「コロナ離婚」という言葉がメディアを飛び交った。在宅勤務で長い時間夫と過ごすようになり、夫の本性に嫌気がさしたとか、価値観の不一致に改めて気づかされたと、妻の方が離婚を望むケースが多く伝えられている。

本来テレワークは通勤混雑や長時間労働からの解放など、働く者の負担を軽減する制度のはずだが、本人だけでなく家庭に負担、ストレスを与えてしまったようだ。在宅勤務をめぐる家事、子育て、夫婦のトラブルの実態とトラブル回避策を考えてみよう。

【家事トラブル】

在宅勤務になって夫が家にいると、「少しぐらい家事をやってもらいたい」という妻の期待と、「休んでいるわけではない、在宅でも会社並みの仕事を達成しなければ」という夫の思いがすれ違いになりがちだ。

すれ違う思い

共働き夫婦で、妻は出勤しているが夫は在宅勤務になった。しかし妻が働いている間、夫は家のことを何もしてくれない、という不満も聞こえてくる。在宅勤務が休みとは思っていないが、通勤時間がなくなったのだからその分ぐらい家事に使ってほしい、あるいはちょっとした合間にやれることはしてほしいというのが妻の気持ちだ。夫が少しぐらい家事をやっても、それで家事の負担が目立って軽減するわけではないかもしれない。でも家事を気にする心は妻を思いやる心とつながっているから、その気遣いはきっと妻にはうれしいはずだ。

こうした「家にいるのに家事をやってくれない」問題は、厚労省のテレワークQ&A

集でも取り上げるほど、在宅勤務につきものの「すれ違い」だ。

Q＆A集の質問には、「テレワーク勤務（特に在宅勤務）をしていると、家族から家事を手伝ってほしいといわれることがあります。家族への教育はどのようにすればよいでしょうか」とある（注1）。「家族への教育」との表現が、上から目線で気になるが……。

これに対する答えは、「在宅勤務を始めるにあたって、配偶者や子どもに対して、『家にいても仕事をしているのであって、決して会社を休んでいるわけではない』という点を説明し、家族の協力なくして、効果的に仕事をすることができないことを理解してもらうことが必要です」と、テレワーク推進の立場から原則論を述べている。

ただ、現実には原則論を振りかざすよりも、「家事もやりますよ」という姿勢の方が、家族も納得する在宅勤務となるように思える。

日本の狭い住宅環境も考え合わせるとなおさらそうだ。20代、30代の夫婦で、自分の部屋を持つ夫はそう多くないだろう。ダイニングテーブルでパソコンを開けるなど、仕事と家庭が混在している環境では、仕事だけに専念するのは難しい。会社も同僚も場合によっては、相手のそうした事情を汲み取る想像力が必要だ。

お湯一つ沸かしてくれない

料理が増えたことも在宅勤務になってからの妻の不満の大きな一つだ。

まだ学校に行っていないような歳の子供の昼食ならば、それほど手間がかからないが毎日夫の分も作るとなると、簡単に済ませるわけにはいかず負担が増える。さらにコロナショックでは、学校が休みになって家にいるようになった子供たちの料理も作らねばならず、重荷となった。弁当やデリバリーに切り替えて楽になったと思ったら、ダイニングに弁当を食べに出てきた夫が、「お茶だ」「みそ汁だ」と注文をつけてお湯一つ沸かしてくれない。そんな不満も妻から出る。

【子育て疲れ】

コロナショックによる在宅勤務は、休校中と重なったため仕事と子供の面倒を見るのに、パパもママも振り回された。

夫は在宅、妻は職場、というケースでは夫もヘトヘトだ。

夫もヘトヘト

ある家庭では、妻（37歳）はパートの販売職なので職場に行かなければならず、夫は小学生の子供たちとともに在宅勤務を始めた。

在宅での勤務時間がきちんと決まっていて、朝9時が勤務開始時刻。昼休みは12時から13時、そして終業時刻には日報を提出してパソコンの電源を切る、というスケジュールだった。しかし、スケジュール通りとはいかなかった。子供たちがそうさせてくれないのだ。9時にパソコンを立ち上げても、そのそばでまだパジャマ姿でぐずったり、12時になって昼の休憩に入ってもおとなしく昼ごはんを食べやしない。後片付けは13時の始業までに終わらない。その後も兄弟ゲンカが始まったりおやつをねだったり宿題を聞いてきたりと、仕事を中断しなくてはならないこともしばしばだった。

何とか日報に書けるだけの量をこなすのに必死で、「私が帰宅すると家のなかはまるで泥棒にでも入られたようなカオス状態。夫の疲労具合も日に日に色濃くなってきたため、私が仕事を休んで子供の世話を見ることにしました。家のなかは少し落ち着きましたが、私のパート代が入らなくなったのは正直痛いです」（注2）。

もちろん妻への負担も大きくなった。東京新聞がインターネットで4月に、首都圏、近畿圏を中心に340人（男女比4対6）の回答を得たアンケートで、「在宅勤務になって困ったこと」を自由記述で答えてもらった。

すると子供が休校中の女性の4割以上が「三食作らなければならない」「子供の勉強を見ながら仕事」など家事・育児に関する悩みを書いた（注3）。

在宅勤務中に子供が騒いだり泣いたりすると、仕事を妨げられた夫がイライラして怒鳴り散らすことも多いようだ。そんなとき、「子供をおとなしくさせろ」と怒りの矛先は妻に向けられる。家族とのふれ合いの時間を作り、家庭を和ませるはずの在宅勤務が、家庭の雰囲気を険悪化させてしまうという悲劇が起きてしまった。

【夫婦トラブル】

在宅勤務が夫婦の間に溝を作ってしまうケースも珍しくなかったようだ。トラブルは、自由を奪われた妻のストレスが下地になっている。

一人になれずストレスフル

40歳主婦の家庭は、夫婦と小学5年、3年、1年の男の子、姑の6人家族。コロナショックの前は毎朝、夫と3人の子供を大騒ぎで送り出し、しばらくすると姑がスイミングや体操、絵手紙講座などに出かける。そのあとが妻にとってのゴールデンタイムで、誰もいなくなった家で、ゆっくりコーヒーを飲んだり友達とLINEを送りあったりと一人の時間を持つことができた。ところがコロナショックで子供たちは休校、姑が通う施設は閉鎖、夫は在宅勤務と、いまは朝から晩まで6人がずっと家にいる状態になった。

夫は仕事の邪魔になるといって「子供をどこかで遊ばせて来い」と言うし、「ひとりになる時間がどこにもありません」とぼやく(注4)。

また、神奈川県の50代女性は、「ひとりになれる時間が全くなくなりストレスフル。土日だけなら我慢できたが、ささいだけど嫌だなと思う行動が毎日だと我慢ができず叫び出しそうになった。それからは、やって欲しくないことは言葉を選んで伝えるようにした。私たち夫婦には物理的な距離が必要だと改めて感じている。ストレスだなと感じた時は同じ空間から出ることにしている」と夫婦の危機に向かい合っている（注5）。

価値観の違い

新型コロナに対する態度の違いも夫婦間に溝を作ってしまう。夫が家に帰ってから、手洗いもうがいもしない。「俺はコロナにならない」とか「絶対にうつらない自信がある」とか根拠のない言葉を口にする。家族の健康のことをきちんと考えてくれているのだろうかとストレスがたまる。

オンライン会議がきっかけに……

オンライン会議もストレスの種になるようだ。夫はリビングで仕事をしているが、パソコン上の会議のときは、静かにしていないといけないので家事もできず、テレビも見られず、何もできないという。息をひそめた生活だ（注6）。

夫婦とも在宅勤務の場合、妻のオンライン会議を聞いていた夫が、「おまえの会社の会議って、あんまり内容がないな」と余計なことを言うもんだから、妻は本気でブチ切れてしまったそうだ（注7）。

夫の存在そのものが……

夫そのものがストレスの原因になっている。

「夫と一緒にいる時間が長くなり、テレビ番組の選択や食事の時間など、ささいなことでお互いの意見の食い違いが多くなり、イライラしている」（埼玉、70代女性）。

奈良県の60代女性は「月のうち半分は出張していた夫がずっと家にいる。自分の部屋で仕事すればいいのに、やれ『コーヒーだ』なんだのとリビングに出てくる。ワイドショーを見てはコメンテーターの批評をする。うざい」（注3に同じ）。

【夫婦トラブル回避策】

在宅勤務が引き起こすこうした夫婦のトラブルを避けるには、どうすればいいのだろうか。

「コロナ離婚を防ぐ3つの方法」

妻の出産入院中に不倫して世間の批判を受けたが、いまは夫婦円満な宮崎謙介・元衆議院議員が、「コロナ離婚を防ぐ3つの方法」と題するアドバイスを書いている（注8）。説得力に欠けるのでは、と疑問に思う人もいるかもしれないが、アドバイスが具体的なので参考になるはずだ。

宮崎氏は、「誠におこがましいことかもしれませんが、『コロナ離婚ショック』に遭っている方々へ、その危機をどのように乗り越えていけるのか、何かご参考になればと筆を執った次第です」と、まず断りを入れてから三つの方法の説明を始める。

一つ目は、「家事を手伝うこと」。炊事、洗濯、掃除のどれでもよいので一つを請け負うことにしましょう。炊事のハードルが高ければ、少しレベルを下げてみて洗濯でもいいという。洗濯は、洗濯機が場合によっては乾燥までやってくれるので、夫が手伝うべきは洗濯物の「たたみ」だ。ただ、衣服のたたみ方には妻のこだわりがあったりするので、トラブルの原因になりかねないとアドバイス。そこで宮崎氏が提案するのは、ベッドシーツや枕カバーの洗濯だ。

「これは妻としても結構な重労働なので、夫が率先して洗濯をしてベッドメイキングまでやってくれるなら喜ばれること間違いなしです」。

さらに、掃除もやりたい。特に部屋の隅やテレビの裏、本棚の上などホコリがたまりやすいところやベランダなど、手がかかりそうな部分を掃除する心づかいが必要という。

二つ目は、「夫婦で同じ時間や気持ちを共有すること」だ。ずっと二人で一緒のことをしろという意味ではない。「13時〜14時は夫婦それぞれの時間」「14時〜15時は一緒にテレビ番組を見る」「15時〜16時は一緒に料理をする」といった、ゆるい時間割を作るとうまくいくという。きっちりと時間通りにやる必要はない。宮崎夫婦は、一緒にいるときはNetflixなどでよく映画を見るそうだ。

三つ目は、夫が家から「消える」ことだ。できれば子供と一緒に。

宮崎氏は、2020年1月に父子二人で2泊3日の香港旅行に、2月はハワイ、3月は富士山へ行ったそうだ。「妻は留守を満喫し、リフレッシュしているようです。また、父子二人旅は親子の絆を強固にしますし、自らの父親力の向上にもつながるなど、さまざまなメリットがある」「できる範囲で『消える』取り組みを模索していきたい」と言う。

夫婦間の距離を適度に取ること、妻を家事から解放させることに意味があるのだろうから、旅行にまでは行かずとも、一日のうち一定の時間帯を〝妻が一人で過ごす時間〟にしたり、子供を近所に散歩に連れて行くことを、夫の日課に組み込むのもいいかもしれない。会社の理解も必要だろう。

こうして見てくると、在宅勤務時間を100%仕事の時間とガチガチに考える夫は、夫婦間に溝を作る確率が高そうだ。在宅勤務は、家族に負担をかけてしまうという自覚を持ち、家族と接することがトラブル回避につながるのだろう。コロナショックのように、休校、休園と重なったときはなおさらそうだ。会社も想定外のテレワークのケースだったから、柔軟な対応が求められる。職場で働いているときも、すべての時間を100%仕事に集中させるわけではなく、同僚と雑談したり息抜きしたりする時間があるのだから、在宅でも息抜きの時間があるのは自然のことだ。「日が落ちないうちに散歩に行きましょう」と休憩時間を取るよう告知する会社もある。心にゆとりなき在宅勤務は、家庭に不幸をもたらす。

(注1) 厚労省「テレワーク総合ポータルサイト Q&A」https://telework.mhlw.go.jp/qa/
(注2) 婦人公論「【妻の独り言】『コロナ離婚』がちらつく…? テレワーク中の夫にモヤモヤ…」https://fujinkoron.jp/articles/-/1854?page=2
(注3) 東京新聞「休校・在宅勤務、女性にしわ寄せ 『夫は仕事に集中』 家事・育児の負担増」https://www.tokyo-np.co.jp/article/17040
(注4) 婦人公論「【妻の独り言】『コロナ離婚』がちらつく…? テレワーク中の夫にモヤモヤ…」

https://fujinkoron.jp/articles/-/1854

（注5）朝日新聞Reライフ.net「在宅勤務の夫にイライラ、体重増　外出自粛の『巣ごもり生活』に悲鳴」
https://www.asahi.com/relife/article/13333037

（注6）kufura「主婦のホンネを調査！夫が在宅勤務になったものの…主婦はどんな事にストレスを感じている？」
https://news.yahoo.co.jp/articles/732c64cba7dfe045cebd9310579141b7322659eb

（注7）MONEY PLUS「在宅勤務で家庭がギスギス…生活ペースが崩れ、負担を感じる主婦の声」
https://news.yahoo.co.jp/articles/38539939701af2124633718a4d09c49d6df7a0a9?page=2

（注8）ダイヤモンド・オンライン「緊急事態宣言で増える「コロナ離婚」を防ぐ3つの方法」
https://diamond.jp/articles/-/234246

テレワークで給与が減る

「残業代ほぼないテレワーク」「残業代稼げないと暮らせない」「３月末からテレワークになったが、ＮＯ残業が徹底されて残業代がゼロ」……、新型コロナの緊急事態宣言が終わったあとも、Twitterにはこうした悲鳴があふれた。

ＪＭＲＯ（日本マーケティングリサーチ機構）が２０２０年４月終わりに発表した調査では、回答者（１５１４人）の45%が「コロナの影響で収入が減った」と答えている（注１）。

在宅勤務が始まった当初は、残業がゼロにまでなるとは予想がつかなかっただろう。いったいなぜ企業は残業を大幅に減らしたのだろう。

残業は禁止

コロナショックで経済がマイナス成長に落ち込み、仕事が減った会社もあるからそのせいで残業は確実に減っているはずだ。だが、それだけではない。在宅勤務ならではの理由があるのだ。

それは、在宅勤務では社員の労働時間を管理するのが難しいからだ。図々しい社員が日中はダラダラと過ごし、それでは仕事が終わらないから夜遅くまで仕事して、高額な残業代を請求する。会社はそんな事態を恐れている。

会社にいるときも残業代稼ぎのために、やろうと思えば早く済ませられる仕事を夜遅くまで時間をかける、なんてことはいまでもあるはずだ。しかし、上司や同僚の目があるから露骨にはできない。こうした心配から、在宅勤務では残業を基本的に禁止し、どうしても必要なときは事前許可、事後報告を徹底させる会社が多い。

しかし、もともと残業を前提に経営が成り立っているような会社は、一時的には残業を控えても経済活動が復活するにつれ、また元に戻るかもしれない。その一方で今回を機に、永続的に残業を減らす道を選択する会社もあるかもしれない。冒頭のTwitterに投稿された悲鳴が解消されるか否かは、会社それぞれが抱える事情によって変わってきそうだ。

みなし労働時間には要注意

勘違いしてならないのは、テレワーク、在宅勤務に残業代が出ないわけではない。在宅で働いても、その労働時間が法定労働時間を超えるならば、会社は基本的に残業代を支払わねばならない。

ただ残業代をめぐり、会社が在宅勤務を口実にするケースもあとを絶たないようだ。例えば日中は子供の世話で仕事に集中できず、深夜まで働くことになったが会社から支払いを拒否されたり、「在宅勤務は残業代は出ない」と会社から言われたりする。こうした問題を避け、社員がきちんと残業代を請求して受け取るために、いくつか注意しておくべき点がある。

まず、上司と常に通信できる状態であり、指示があればすぐに応答できる状態でなければ、業務中とみなされないので注意が必要だ。そして、残業をする場合には上司の了解を取りつけておくことと、業務報告を忘れないことだ。これらの行為を証明しなければならないときのために、上司とのメールや通話記録を残しておく必要がある。

テレワークで社員の労働時間の把握が難しい場合、一定の要件を満たせば「みなし労働時間制」を利用できる。これは実際の労働時間が10時間でも6時間でも、あらかじめ定めた時間（例えば8時間）働いたとみなす制度だ(注2)。

会社以外の場所で働いており、なおかつ社員の労働時間の把握が難しい場合に、「事業場外みなし労働時間制」を採用できる。注意すべきは、このみなし労働時間制そのものは法的に認められたものなのだが、これも残業代を支払わない口実に使われることがある点だ。

また、みなし労働時間制の採用には一定の要件が定められている。単に自宅は事業場外だからという理由だけで、みなし労働時間制を採用できないのだ。

一定の要件とは、次の3点をすべて満たした場合のことを指す。

①テレワークが寝起き、食事等の私生活を営む自宅で行われること。

②テレワークで使用しているパソコンが、使用者の指示により常時通信可能な状態とな

っていないこと。
③テレワークが、随時使用者の具体的な指示にもとづいて行われていないこと。

①は読んで字の如しである。②は使用者（上司等）の指揮命令下にあれば、勤務中はパソコンを接続していなければならないが、在宅勤務者が自由に切断してもかまわない状態。上司からのメールにすぐ返信しなくても問題とされない状態だ。

③はテレワークの目的、目標、期限などの基本的指示を除いて、仕事をどう進めるかは在宅勤務者に任せるということだ。

外部に委託するようなイメージだが、実際にみなし労働時間制を導入するには就業規則などを変更する必要がある。しかし、在宅勤務を実施することは、みなし労働時間を採用したことになると誤解しているケースもあるようだ。

日本労働弁護団がまとめた「新型コロナウイルス感染症に関する労働問題Q＆A」には、こんな相談がある（注3）。

「会社からテレワークを命じられました。1日10時間は働いているのに、事業場外みなしだからといって、8時間分の賃金しか支給されていません。これは仕方がないのでしようか」。

弁護団は、「会社には、基本的には10時間分の賃金を求めるべきです」と答えている。その理由として、「情報通信技術が発達した現代においては、携帯電話やインターネットにおいて、事業場外における労働者の勤務状況を把握することは容易だからです」。テレワークになってもほとんどは情報通信機器がいつでもつながる状態にあるし、会社が業務内容を具体的に指示しているだろうから、労働時間の把握困難にはあたらないという。そして、「テレワークを実施する場合にも労働基準法が適用されることは当然です」と法的には残業代の支払いが認められると答えている。

事業場外みなし労働時間制は、いまのIT時代には合わないのではないかという専門家の意見も出始めている。以前は会社の外に出ている社員との連絡は、ポケベルを鳴らし、鳴らされた社員は公衆電話を探したりしていた。しかし、いまはスマホやパソコンで上司はいつでも指示を出せるからだ。

給料カットの口実に

また在宅勤務を理由に給与カットを申し渡す会社もあるが、これは違法だ。先の日本労働弁護団のQ&A集のケースだ。

「会社が、『在宅勤務中は会社に出社できないのだから賃金を減らす』といってきましたが、これは仕方がないことでしょうか?」。

弁護団の答えは、「会社には、通常勤務と同じ賃金を支払うよう要求しましょう」だ。

在宅勤務は会社も了解の上でのことなので、賃金を会社の都合のみで一方的に引き下げることは違法だという。そして、仮に在宅勤務中の賃金減額に形式的に合意をしてしまっても取り返しはつくという。労働者が納得して受け入れたと判断できる合理的理由がなければ、その合意は労働者の真意にもとづかないとされ、変更後の労働条件(賃金減額)が無効であるとされる場合もあるからだ。

残業が減って、残業代が落ち込むのは違法ではないが、在宅勤務を口実に給与を減らそうとする場合は違法性が疑われる。会社とかけ合って、らちが明かないときには労基署や弁護士に相談した方がいい。

(注1) PR TIMES「コロナの影響による給与不安。約45%の人が、収入が減ったと回答」
https://prtimes.jp/main/html/rd/p/000000397.000033417.html

（注2）テレワーク相談センター「テレワークの労務管理に関するQ&A」
https://www.tw-sodan.jp/qa/qa02.html#qa02

（注3）日本労働弁護団「新型コロナウイルス感染症に関する労働問題Q&A」
http://roudou-bengodan.org/wpRB/wp-content/uploads/2020/05/84766003a5d1ac5efa5fb2198caff820-1.pdf

自宅にいる社員を評価できるのか

「人事評価の基準があいまい」「上司の好き嫌いで評価されている」「所属派閥で評価が決まってしまう」「上司が仕事の内容をよく理解していない」

会社に対する社員の不満の中でも、人事評価にまつわる不満は役職の上下を問わず共通し、かつ根深いものだろう。

上司も困っている

在宅勤務はその不満に拍車をかけそうだ。会社にいるときは、社員の仕事ぶりを上司が直接目にするし、仕事の進捗ぶりなどを話し合ったりするので、上司に身振り手振りを交えてもアピールするチャンスがある。しかし、在宅勤務になって会社との連絡がメールによる業務報告程度になったら、「私の仕事ぶりをわかってくれているだろうか」と不安がもたげてくるのも自然の心の成り行きだ。メールへの返信が通り一遍ならば、そもそもきちんと読んでいるのだろうかと思いたくもなる。

だが会社も悩んでいる。人事コンサルタントの下には緊急事態宣言の発令以降、コンサルタント先の中小企業経営者から「在宅勤務の社員の評価はどうすればいいか」という問い合わせが殺到したという。各種アンケートなどを見ると、管理職が評価に困るのは、やはり「勤務態度が見えないから」という声が多い。「成果につながる行動(アクション数、内容等)を細かく把握しづらいから」や「勤務時間を正確に把握しづらいから」といった声も多いが、「見えない」ゆえに起きることだ。

上司も部下もお互い姿の見えないことに戸惑いを感じ、不安を募らせている。

成果主義が強まるか

この不安を解消するのは、姿は見えなくとも、誰の目にも見える結果で評価する成果主義を徹底させることが、対策のひとつとして思いつくだろう。実際、厚労省もテレワークには、成果主義の具体策である「目標管理制度」の導入を暗に薦《すす》めている。

「テレワークを導入している企業では、目標管理制度による人事評価を行っているところが多くあります。目標管理制度とは、担当者自身が目標を設定し、達成方法を考え、主体的に行動をとるように管理する形態です」(「テレワークの労務管理に関するQ＆A」)。

確かに契約獲得件数や売り上げなど、目に見える成果で社員を評価するのは公正な人事評価と言える。上司の好き嫌いの感情が入る余地はないし、文系の上司が理系部下の仕事の内容がわからなくても評価できる。

しかし、いま日本企業では純粋な成果主義よりも、そこに仕事の過程も吟味した「プロセス評価」を加味させた人事評価制度の方が主流だ。

日本では、1990年代から2000年前半にかけて欧米型の成果主義の導入が盛んになった。バブル崩壊後、それまで「不倒神話」に包まれていた銀行が破綻し、有名企業が経営に行き詰まった。そんな時期だけに企業は業績の向上を図ろうと、導入したのが成果主義だった。しかし、そのほとんどのケースが失敗に終わった、というのが人事の専門家たちの見立てである。

そもそも成果を測定するのに、数値化できるからと言って、一時期の売り上げだけを見ればいいのだろうか。また自分の成績のみに目を向け周囲のことに配慮しない、「ワンチーム」とは程遠い人間関係。目標設定による過度のストレス。逆に失敗を恐れて無難な目標しか設定せず、チャレンジする気持ちが失われた組織。アフターサービスをおろそかにして一時的な売り上げ拡大に走り、顧客の信頼を失う。こうした弊害が明らかになっていった。このため行き過ぎた成果主義を是正しようとプロセス評価が加えられるようになった。

プロセス評価とは読んで字の如く、結果に至るまでのプロセス（過程）を評価の対象にする人事考課方法だ。例えば、同じプロセスを経ても一方は契約を取りつけ、もう一方は運悪く契約に着地できなかったというケースもありうる。純粋な成果主義ならば、後者は評価の対象にならないが、プロセス評価が加味された考課ならば働きを認めてくれる。次回もチャレンジしようという気持ちを維持してくれるわけだ。

そうした人事制度の流れがコロナショックを機に、少なくともテレワークの人事評価については、再び成果主義強化へと変わる可能性はある。それも、かつてのように上意下達で成果主義が断行される形ではなく、会社の管理職もその部下も望むボトムアップの形での変化だ。

ただテレワークになっても純粋成果主義の導入には、慎重さを求める専門家の意見もある。人事コンサルタントとして1000社を超える中小企業にアドバイスする松本順市氏は、2020年度に限っては、在宅勤務中の評価を昇給・賞与から切り離すよう提案している（注1）。その理由は、要約すれば2020年度はテレワーク期間中は、テレワークでも会社が成長する道を探るときと位置づけ、社員が探る挑戦を邪魔しないためだ。

そして在宅勤務中、自分なりに働き方を工夫した社員はきちんと評価する。営業部門ならば、「既存客から見込み客を紹介してもらう」「ビデオ会議で見込み客に商品説明をする」「ビデオ会議の営業は○○の手順で話を進める」と工夫した社員を評価して頑張りをほめる。

松本氏は、「在宅勤務で生産性を上げるためにはどうすればいいかは誰も分からない。だから社員一人ひとりに試行錯誤してもらい、その中から最適解を見つけたい」と〝未知との遭遇〟に対して実践的なアドバイスを与える。そして社員とのコミュニケーションをおろそかにしないよう、オンライン会議を毎日実施するよう求める。その場で、「私はこんなやり方で営業したら成果が出た」「会社にいるときと違って、伝票処理はこんなふうに進めればいい」と、試行錯誤の結果を共有することができるのだ。

在宅勤務中の仕事をまったく人事評価に結びつけないというわけではない。社員の工夫、アイデアを「ほめる」ことを評価に結びつけることはできるからだ。また、そうしないと社員は試行錯誤に挑戦どころか、気楽に一日を過ごしてしまいそうだ。

そして会社が、「昇給・賞与からは切り離す」と宣言すれば、確かに社員の不安は半分ぐらいは消えるかもしれない。もともと社員が在宅勤務中の成果主義を求めるのは、人事評価があいまいになるのを懸念してのことだから、昇給・賞与には関係ないとわかれば不安は解消される。

薄めた成果主義にプロセス評価を加味した期間限定の制度と言えよう。

テレワークでは会社にいるときと違い、上司と部下が対面する機会が減りコミュニケーション量も減る。上司としては、プロセス評価がやりにくい状況にある。しかしオンライン会議ツールを使えば、リアル対面には劣るかもしれないが1対1のコミュニケーションは可能だ。在宅勤務中になったら、純粋成果主義に徹するという選択肢を取る会社もあるだろう。仕事のできる社員にとっては、その方がいい。ただ社員の仕事へのやる気を確保したければ、プロセス評価を交えることも大事なようだ。

さらに社員の不満をなくすには、社内の人事評価方法を統一しておくことも重要だ。上司によって成果を重視しすぎたり、逆にプロセスを評価しすぎたりといった差があると評価基準があいまいで、社員から「目に見える成果で評価してほしい」との要望が出てきてもおかしくない。

社員評価制度がない会社

さて最後に、コロナショック以前から社員全員が完全在宅勤務で、本社施設もないけれど、業績は向上している成功例の会社を見ておこう（注2）。その会社のやり方をすぐには取り入れることができなくても、仕事に対する考え方や姿勢など、本質的なことはどの組織にも共通するものはある。それに何よりも面白い。

「ソニックガーデン」という社員約40人の会社で、クラウドで動くソフトウェアの受託開発などを行っていて、社員は全国に散らばっている。社長の倉貫義人氏は40代半ば。大手システム会社に勤務した後、２００９年に起業し、２０１１年からリモートワークを始め、２０１６年にはオフィスへの出社を撤廃した。いまは仮想オフィスツール「Remotty」を使って、社員はネット上の会社に〝出社〟する。同僚が在席中か、パソコン画面上で目にすることができ、席にいればネット上で声をかけて相談できるようにしている。

同社の社員は顧客企業の顧問エンジニアとして、システムやサービスの開発、保守、コンサルティングを行っている。会社の顧問税理士、顧問弁護士のような存在だ。エンジニアといえば顧客企業に常駐するケースもあるが、「打ち合わせもテレビ会議でいい」と顧客から言われるそうだ。

この会社、完全在宅勤務で人事評価はどうしているのかというと、驚くことに社員の評価はしていないのだ。倉貫社長は、「皆さんの会社には半年や1年に一度の目標管理面談があると思いますが、いざ面談になると、上司も半年前の目標を忘れてしまっていることも少なくありません。だからやめてしまいました」と言う。

お金の代わりに時間が報酬

同社の給与は職種に応じて一律だ。新卒入社の社員と、「一人前」になった社員の給料は違うが、一人前と認められたら同じになる。

仕事のできる社員から不満は出ないのだろうか。倉貫社長は、「生産性の高い社員には、『(仕事が終わった)残りの時間に好きな仕事をしていいよ』と伝えています。すなわち(ソニックガーデンの)受託開発以外の仕事です。給料と成果の量はほぼ一緒にしていますが、代わりに時間が手に入るのです」。

昇給の代わりに時間を得た社員は、研究開発をしたりプログラムを作ったり、本を書いたりしているという。

同社では、オフィスをなくした段階で「社員の管理はどうするか」と問題になった。しかし同社の仕事のスタイルが、一人の人間が顧客とのやり取りから開発まですべてやるので、指示・命令は必要ない、という結論に達した。そもそも、上司よりも現場のエンジニアの方が担当の仕事に詳しいので、指示できない。

倉貫社長は、「だから社員は数字を気にせず、何を気にするのかというと、お客さんの満足だけを気にしています。基本的に満足してもらえていれば継続してもらえますので、数字など細かいことは気にせず目の前のお客さんだけに集中できる仕組みです」と説明する。この顧客ファーストの姿勢が、取引先にも伝わるのだろうか、同社の業績は向上を続けているという。

一般の会社には真似できない芸当だが、「お客さんの満足だけを気にしています」という言葉は、どの会社も見習いたい姿勢ではないだろうか。

(注1) 日経ビジネス「テレワーク社員の人事評価は、通常の評価と何を変えればいい?」
https://business.nikkei.com/atcl/seminar/19nv/120500136/052700155/?P=2

（注2）同社ＨＰや、はてなニュース「上司も評価もなくていい ソニックガーデンの〝働き方改革〟がスゴい」
https://hatenanews.com/articles/2019/06/20/190000
組織づくりベース「管理ゼロ！人事評価・目標ナシ！それでも成果をあげて成長を続けるソニックガーデンの軌跡とは？」
https://www.hito-link.jp/media/interview/sonicgarden

まさかの長時間労働に

在宅勤務になれば通勤の苦痛から解放されるし、仕事にも集中できて早めに仕事を終わらせることができる、と社員が感じるメリットも多いはずと思いきや、そのメリットがそっくりそのままデメリットになってしまう現実がある。

「メリハリを自分でつけないと、朝起きてから夜寝るまでずっと仕事をしてしまう」（20代女性）。「普段の生活スペースで勤務することになるので、公私混同する」（30代女性・ＩＴ）。

在宅勤務に満足している人たちがいる一方で、働きすぎてしまうという、こんな声も聞こえてくる（注1、ハースト婦人画報社発行の『ウィメンズヘルス』による読者アンケート）。

なぜ、長時間労働に

なぜ在宅勤務者は働きすぎてしまうのか、いくつか要因があげられている。

まず在宅勤務によって通勤時間がゼロになることだ。通勤に片道1時間かかる人は、8時間勤務と往復2時間で、心理的には合計10時間働いている感覚になっている。そのため在宅になっても10時間働いてしまうという説だ。確かに通勤2時間分、得した気分になって、その分を多少仕事に回してもいいかなという気分になりやすい。

また在宅では、周囲から話しかけられることがなく、作業が中断されないのもオーバワークの原因になる。職場にいれば隣席の同僚から話しかけられたり、上司から聞かれたりもする。簡単な打ち合わせが始まることもあるだろう。在宅ならば、会話によって

自分の仕事が中断されることがないので、仕事に集中できる。それはいいことなのだが、働きすぎの下地をつくっている。自宅という仕事環境も、仕事と家庭の日常との境目があいまいなので、仕事を切り上げにくかったり、成果を出そうと頑張り過ぎたりしてしまう。

在宅勤務になじむ「成果による評価」もくせ者だ。仕事の成果は、上司からは姿の見えない社員の仕事ぶりを測れるし、社員にとってもサボっていない証しを示せるので、会社にとっても社員にとっても都合のいい方式のはずだ。極端に言えば、社員にとってその日の目標だった仕事を効率よく終えてしまえば、残った時間はテレビを見てもかまわないのだ。「成果による評価」はうまく機能すれば、働きすぎを是正する役割を果たせる。

しかし、逆に長時間労働を促す可能性がある。ルートは二つで、一つは自分の評価を高めようと、決められた成果以上の結果を出そうと頑張ってしまう場合だ。8時間で終わる仕事をさらに時間をかけてブラッシュアップしようと、仕事を続けてしまう。職場ならば限度があるが、在宅だと仕事の延長はしやすい。上昇志向の強い人だけでなく、プロ意識の強い人も陥りやすいパターンかもしれない。

長時間労働のもう一つのルートは、勤務時間内に目標の成果を達成できない場合だ。こちらは、成果を達成するために嫌々ながらでも仕事を延長しなければならない。「成果による評価」は、短時間で仕事を終わらせる場合もあるし、長時間労働を促す場合もある。成果のハードルの高さをどう設定するかで変わってくるからだ。いくら仕事をテキパキとこなす有能な社員でも、たくさんの仕事を課されれば長時間労働を強いられる。

仕事をこなす社員は頼りにされて、回ってくる仕事も増えてくる。育児のために一部在宅勤務にしたある女性社員は、定時退社できるようになったが会議や打ち合わせ、予定外の仕事も振られて、退社までにその日の仕事を終えることは不可能だった。終わらない分は家でやることになり、ほぼ毎日持ち帰りの仕事が発生し、子供を寝かしつけてからの仕事に疲れ切ってしまった。

始業・終業時間は必ず記録

実は、在宅勤務になると働きすぎてしまう人の割合は結構あるのだ。東京都が2019年3月に発表した「多様な働き方に関する実態調査（テレワーク）」（注2）を見ると、そう推測できる。

調査は東京都内に所在する常用雇用者規模30人以上の企業を無作為に抽出、そこに勤務する従業員3642人の回答を得た。調査の質問の中で、「在宅でのテレワークのデメリット」を聞いたところ、在宅勤務経験の回答者319人の23・2％が「長時間労働になりやすい」を挙げている。従業員300人以上の企業に働く従業員では33・3％が長時間労働をデメリットに挙げた。大企業は成果主義が強まっていることを想像させる。

政府が2017年3月に発表した「働き方改革実行計画」では、テレワークに期待を寄せながらその一方で、「これら（テレワーク）の普及が長時間労働を招いては本末転倒である。労働時間管理をどうしていくかも整理する必要がある」と働きすぎの結末に至る恐れを懸念している。東京都の調査結果は懸念が現実化していることを示している。

こうした長時間勤務を避けるためには、会社が社員の労働時間をしっかりと把握する必要がある。そのために、会社は在宅勤務中の「始業・終業時刻の確認・記録」をしっかりやらなければならない。これを徹底させるため、改正労働安全衛生法が改正され2019年4月に施行された。新たに従業員の労働時間の「客観的な把握」が使用者の義務として明記されたのだ。

この改正により、労働日ごとの始業時刻や終業時刻をタイムカードやＩＣカード、パソコンなどにより客観的に記録することを求めている。フレックスタイム、時差出勤、テレワークなど社員の働き方が多様化してくると、出退勤の管理が複雑になってくるので、クラウドによる勤怠管理ツールを導入する企業が増えていくだろう。

テレワーク下の長時間労働については、全国の4万人強の人々を対象にした「全国就業実態パネル調査2017」（リクルートワークス研究所）のデータを分析した結果、テレワーカーの労働時間はほかの人と比べて有意な差がないという研究もある（注3）。ただ、ある大手IT企業の人事担当者は、コロナショックで、「社員の8割が在宅勤務になったが、労働総時間は増えた」と話している。長時間労働になりがちな面はありそうだ。

このIT企業は裁量労働制を採っているので、残業代は増えていないという。在宅勤務下での長時間労働の問題は、本節の前で取り上げた、残業が減って給与が減る問題や社員の評価方法の問題とも連動しており、それはジョブ型雇用や成果主義の是非論議にもつながっていく。コロナショックは、日本の雇用システムを大きく変えるきっかけになりそうだ。

（注1）ウィメンズヘルス「読者400人にアンケート！　テレワークのメリット&デメリットを徹底調査」

（注2）東京都「多様な働き方に関する実態調査（テレワーク）」
https://www.hataraku.metro.tokyo.lg.jp/hatarakikata/telework/30_telework_tyousa.pdf

（注3）リクルートワークス研究所「テレワークは長時間労働を招くのか」
https://www.works-i.com/research/paper/works-review/item/171120_wr12_06.pdf

在宅勤務が招くメンタル危機

自宅から社内のネットワークに接続しようとしてもつながらない。ネットワーク内にある必要な資料がまったく見れない。会社のシステムに原因があるのか、自分のパソコンに問題があったり、接続のやり方がまずいのかさっぱりわからない。でも在宅勤務では誰にも相談できない。こんな誰もが経験しそうな、ちょっとしたＩＴ操作のつまずきがストレスを生む。

オムロン　ヘルスケアが１０００人を対象に行ったアンケート調査では、テレワークしている人の2割弱は「精神的なストレス」を感じている（注1）。ストレスの中身まではこの調査は尋ねていないのだが、一般にテレワークに伴うメンタルヘルス上の問題として挙げられるのは①孤立感、②サポートの減少、③気持ちの切り替えにくさの3点だ。

中でも「孤立感」「孤独感」の高まりは、気分の落ち込みや抑うつといった症状につながりやすい。

少数派であるのは不安

ひとりぼっちにされたという孤立感に特に陥りやすいテレワーク環境がある。パーソル総合研究所の「テレワークにおける不安感・孤独感に関する定量調査」で明らかにされている（注2）。それは、テレワークで働いている社員の割合が2〜3割の職場である。不安感・孤独感が最も高まるのがわかったのだ。同研究所はこうした職場を「まだらテレワーク」と呼んでいる。（調査はテレワーカー1000人、出社者1000人、テレワーカーをマネジメントしている上司700人を対象に、2020年3月9日〜15日に行われた。コロナショックによるテレワークなので、テレワーカー＝在宅勤務と考えて差支えないだろう）。

アンケートではテレワーカーの28・8％が、「私は、孤立しているように思う」に「あてはまる」「ややあてはまる」と答えている。目を引くのが、「私は、だれからも無視されているように思う」という存在感ゼロ感覚に、19・1％もの人が同じ答えを寄せていることだ。孤立感が深まると相談しようにも相談する相手はいやしない、という心境に追い込まれ、しかもそう感じる人が五人に一人の割合で存在するという数字は、テレワークをうまく機能させようとしたら頭に入れておくべき数字だろう。

「まだらテレワーク」の問題に話を戻すと、調査は対象の職場を、テレワーカーたちの割合が「1割程度」「2〜3割程度」「4〜5割程度」「6〜10割程度」に分けて、回答結果を分析した。するとテレワーカー比率が2〜3割のときが不安感や孤独感がピークとなったのだ。比率が高まるにつれ、不安感と孤独感は減少傾向だった（図3）。

テレワーカーたちは、混雑した通勤電車に乗らずに済んで楽に仕事をしているという罪悪感に陥るせいか、「出社している同僚の業務負担を増やさせていないか」「出社組は、不公平感を感じていないか」といった不安を

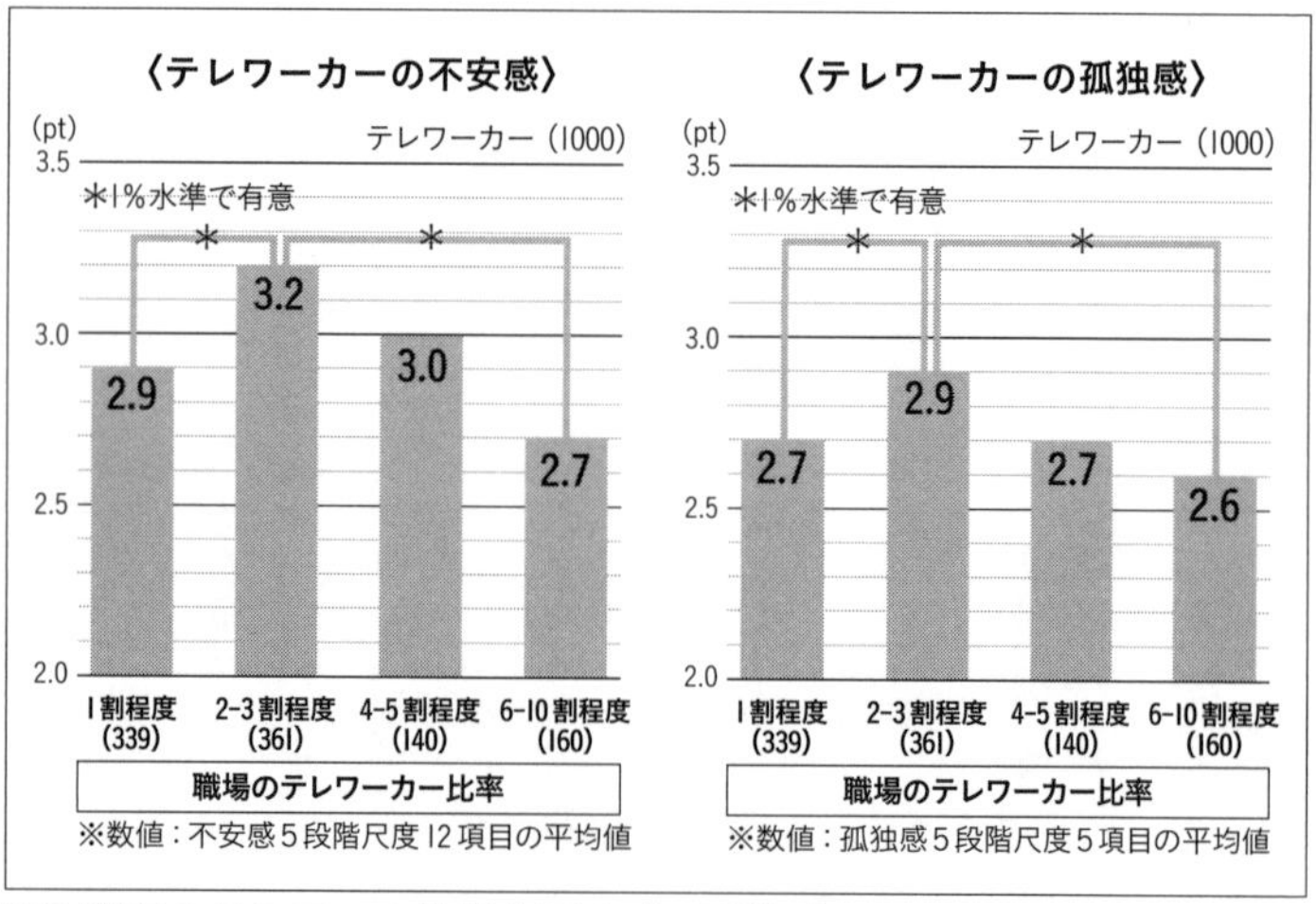

図3 職場のテレワーク比率と不安感・孤独感
（出所）パーソル総合研究所

抱えている。同時に、「出社組から自分が疎外されているのではないか」と孤立感も感じやすい。テレワーカーたちが少数派になると、その思いが強くなるというわけだ。

調査に当たった同研究所の青山茜研究員は、テレワーカーと出社者が混在する「まだらテレワーク」の職場が今後増えていくと予想し、そうした職場では、「テレワーカーが少数派になることで周囲の目が気になって心理的なプレッシャーが増し、不安感が増す」と分析を加えている。

この「少数派不安」の心理は出社者にもあてはまる。テレワーカー比率が1割程度の場合、「雑用がふられる傾向があり不満だ」と感じる出社者は、24・0%だったが、6〜10割程度だと41・2%に跳ね上がるのだ。

孤独に拍車かける会社カルチャー

少数派が心細くなるのは古今東西、人間共通の心理だろう。ただ日本のワークスタイル、会社カルチャーは心細さに拍車をかけるもので、テレワークは孤独になりやすいという。

ワークスタイルを日本と欧米で比較すると、欧米は一人ひとりの仕事の範囲を決めておくジョブ型雇用で、仕事の成果も評価しやすい。人のつながりも会社だけでなく、地域ともつながっている。これに対して日本の場合はメンバーシップ型雇用と呼ばれ、仕事や勤務地を限定せずに採用する。働いている部署が統合・消滅しても、ほかの部署に配置換えされる。就職というよりも就社とも言われる雇用スタイルだから、社員の一体感が強い。ジョブ型の欧米は、自分の仕事を済ませてしまえばその成果が評価される。一人でも仕事を完結できるから在宅勤務になじみやすい雇用スタイルだ。欧米人でも在宅勤務は心細いかもしれないが、「やるべき仕事はやっている」と拠り所はある。

一方日本の会社は、一人ひとりの仕事の内容を明確化させていないからゴールが見えにくい。「上司は、もっとやって欲しいと思っているのでは」と不安になったりする。そのうえ就社意識の強い日本の会社では、「同じ釜の飯を食った」的な意識が残っているから、在宅勤務で一人になると疎外感が強くなるのだ。

変調のシグナルをチェック

孤立感をうつにまで悪化させないようにするために、専門家は心の変調のシグナルに早く気づくようアドバイスする。

産業医の大室正志氏は、テレワークは周りが気づいてくれることは期待できないので、自分で気づくしかないと言い、「今まで1時間で作れた資料作成に2時間かかったり、頭が働かなくなった」とか、「返信が遅くなったり、できなくなった（コミュニケーションが億劫になっている）」、「低ストレスでできるはずの、趣味すらできなくなった」という状態は危険な兆候だという（注3）。

厚労省はインターネット上で、57の質問に答えてストレスを自分でチェックできる「5分でできる職場のストレスセルフチェック」を用意しているので、疲れたなと感じたらチェックした方がいい（注4）。変調のシグナルとしては、MP人間科学研究所代表の榎本博明氏（心理学博士）が、次のようなものを挙げている。榎本氏は、「いくつかあてはまるようなら、ストレスをため込んでいる可能性があるので、注意が必要で、多くの項目があてはまるようなら、何らかの対処をしていく必要がある」とアドバイスしている（注5）。

〈心理的反応〉

（1）憂うつな気分になることがある

（2）何もかもが嫌になることがある
（3）むなしさを感じることがある
（4）イライラしやすい
（5）気分がスッキリしない
（6）気持ちが落ち着かない
（7）気分の浮き沈みが激しい
（8）何かをする気力が湧かない
（9）頭の中がまとまらない
（10）物事になかなか取りかかれない

〈身体的反応〉
（1）疲れやすい
（2）疲れがとれにくい
（3）寝つきが悪い
（4）早朝に目が覚めて、その後眠れなくなることがある

（5）息苦しくなることがある
（6）よく喉が渇く
（7）胃の調子が悪い
（8）下痢や便秘をしやすい
（9）食欲がない
（10）肩が凝りやすい

会社も対策に動かねばならないが、その筆頭にあげられるのが「コミュニケーションを図る」ことだ。メールやチャットだけでは孤立感を解消しにくいので、オンライン会話も活用して、在宅勤務者の様子を確認することが望ましい。

ＩＴ企業ではオンライン用ツールを活用して、孤立感の解消に努めている。ネットユーザーの調査を手がける「ポップインサイト」（横浜市）は、Ｚｏｏｍで社員が雑談できるコーナーを作った。

原則として必ず社員がアクセスしていることになっており、仕事でわからないことを聞いたり、昼休みには「ランチ会」を開いて一緒に食事をとったりしている（注6）。

クラウドのコンサルティングなどを展開している社員400人のクラスメソッド（東京都千代田区）は在宅勤務率が100％に近い。社員からは在宅勤務が長引き、「さみしい」との声も上がっていた。そこで何を話してもいい「雑談ルーム」を、チャットアプリの中で設けた。仲のいい社員が雑談ルームに集まって、ランチを取ったりゲームをしたりして、在宅勤務のさみしさを紛らわせているという（注7）。

メンタルヘルスの不調に気づいたときの相談窓口として、厚労省が働く人の「こころの耳電話相談」を設けている。電話番号等は次の通りだ。

・電話：0120－565－455（フリーダイヤル）
・月曜日・火曜日 17時～22時／土曜日・日曜日 10時～16時（祝日、年末年始はのぞく）
・メンタルヘルスの不調、過重労働による健康障害、ストレスチェック制度の相談を受け付けている。メール相談もある。

また事業者向けには、産業保健総合支援センター（さんぽセンター）がある。労働者健康安全機構が全国47都道府県に設置。人事労務担当者などからの相談を、電話やメールで受け付けている。サイトのトップページに全国のセンターのサイトに飛べる日本地図がある。

厚労省が関係する、働く人のメンタルヘルス・ポータルサイト「こころの耳」サイトの相談窓口案内には、「仕事に関する相談」「職場のパワハラ・セクハラに関する相談」「外国語で相談したい方」など、仕事がらみの様々な相談窓口を掲載している。URLは、https://kokoro.mhlw.go.jp/agency/

（注1）オムロン ヘルスケア「テレワークとなった働き世代1000人へ緊急アンケート」
https://www.healthcare.omron.co.jp/corp/news/2020/0428.html

（注2）パーソル総合研究所「テレワークにおける不安感・孤独感に関する定量調査」
https://rc.persol-group.co.jp/news/202006100001.html

（注3）キャリアコンパス「リモートワークでメンタル不調？ 個の時代の新たな病「孤独問題」への処方箋」
https://ix-careercompass.jp/article/958/

（注4）厚生労働省「5分でできる職場のストレスセルフチェック」
https://kokoro.mhlw.go.jp/check/index.html

（注5）ダイヤモンド・オンライン「在宅勤務が長引いても、『コロナうつ』にならない方法とは」
https://diamond.jp/articles/-/236764

（注6）ＮＨＫ「ひとりぼっちのテレワーク 孤独感を解決するヒントは？」
https://www3.nhk.or.jp/news/html/20200413/k10012385081000.html
（注7）日経doors「コロナで長引くテレワーク　働き過ぎに孤独感じる社員も」
https://doors.nikkei.com/atcl/column/19/030900164/032400007/

在宅勤務では、労災が出ない？

「○○さん、労災が出たらしいよ」「それはよかったたね」なんて会話を時折耳にしたことがあるだろう。でも、「自分も仕事中にケガしたらもらえるのかな」などと連想するのが精一杯で、すぐに通過していく会話の一つなのではないか。しかし、在宅勤務などのテレワークが普及してきたいまとなっては、労災についての知識は身につけておくべきかもしれない。

例えば、在宅勤務中に家の中でケガしたら労災と認定され、休業補償や療養給付が出るのだろうか。どこで働こうが会社の仕事をやっているのだから、仕事がらみでケガをすれば労災認定されるのは当たり前に思えるが、自信をもってそうと言い切れるか。この節では労務担当者でもない限り、あまり馴染みのない労災についての知識と在宅勤務との関係を説明しよう。

在宅勤務中のケガをめぐる疑問の答えは、先に言っておくと「労災保険は適用される」だ。

事業主が保険料全額負担

そもそも労災とは略称で、正式には「労働者災害補償保険」のことを指す。業務中・通勤中に起きた事故や業務に起因したストレスにより、心身に異常をきたして療養や休業が必要となった場合に、国から一定の補償を受けることができる公的な保険制度である。亡くなったときには遺族に給付される（厚労省「労災保険に関するＱ＆Ａ」など参照）。

保険料は事業主が全額負担する。雇用保険は従業員も払い（負担率は事業主よりも小さい）、厚生年金が折半なのに比べ、事業主全額負担は労災保険の特徴だ。原則として一人でも労働者を雇用する会社は、業種、規模の如何を問わず、すべてに制度が適用される。労働者とは、「職業の種類を問わず、事業に使用される者で、賃金を支払われる者」のことで、アルバイトやパートタイマー等も含まれる。給付内容も正規雇用者と同様だ。

給付されるのは、ケガや病気の治療費用、療養のために休業した場合の給与、ケガや病気によって障害が残った場合の一時金、ケガや病気によって死亡した場合の一時金などだ。給与は８割が支給される（休業給付６割＋休業特別支給金２割）。

労災かどうかを認定するのは労働基準監督署が行う。申請には勤務先の証明書が必要だ。図4にその流れが描かれている。ちなみに、保険料は、国の特別会計である「労働保険特別会計」に入る。この特別会計には雇用保険（失業保険）も同居している。合わせて6兆2000億円規模の会計だ。労災勘定は歳入1兆1652億円、歳出1兆699億円と歳入オーバーになっている（平成30年度）。

トイレから戻ったケガは

労災保険の概要を示したところで、在宅勤務中のケガと労災保険をめぐる疑問に戻ろう。すでに疑問の答えは先出ししたが、改めて厚労省の標準解答を見るとこんな感じだ。

「どのような形態のテレワークにおいても、テレ

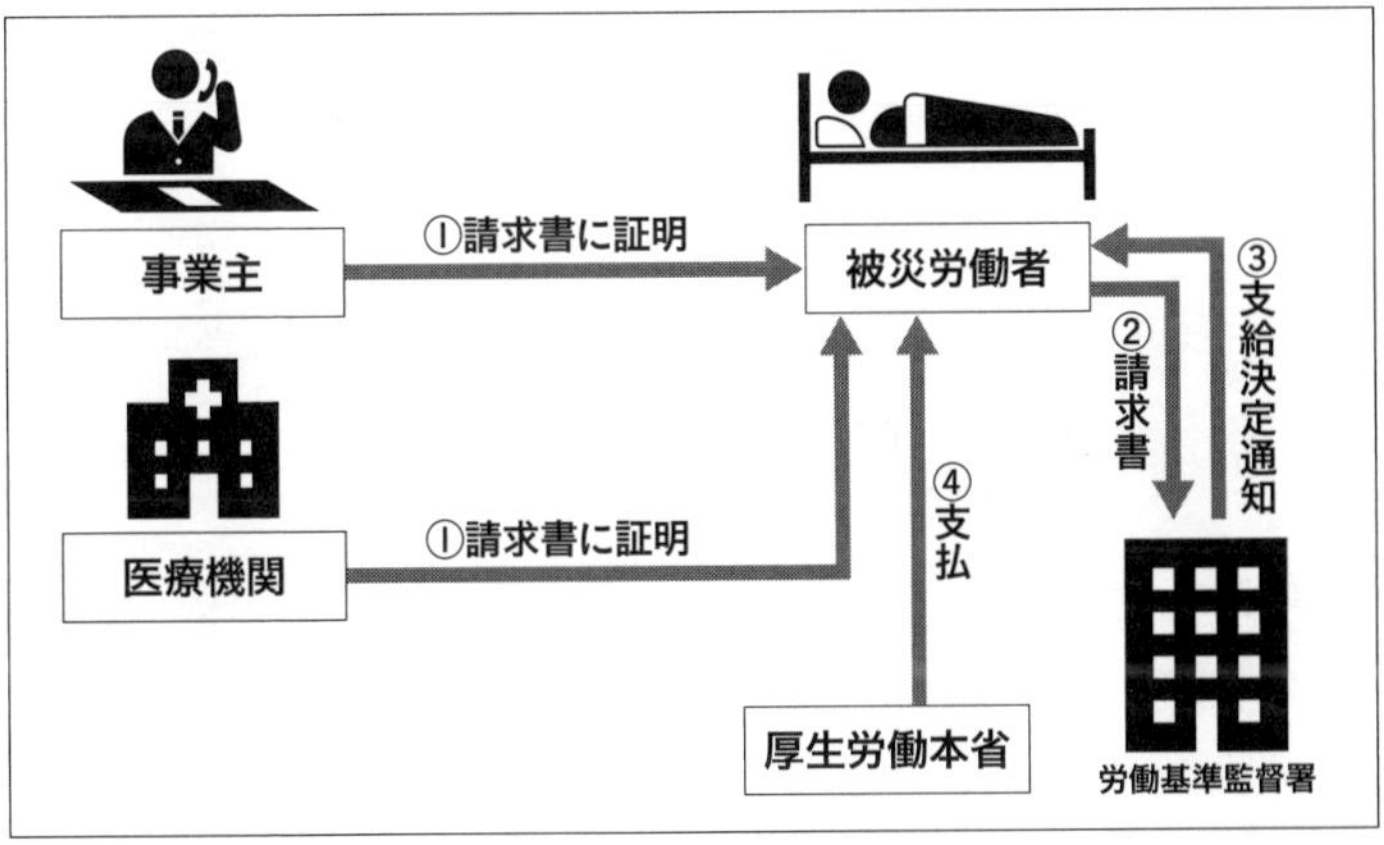

図4 請求の手続き

ワーカーが労働者である以上、通常の就業者と同様に労働者災害補償保険法の適用を受け、業務災害または通勤災害に関する保険給付を受けることができます」（『テレワーク導入ための労務管理等Q＆A集』）。

『Q＆A集』が、実際にテレワークで労災が認定されたケースとして挙げているのは、自宅でパソコンを使って仕事中トイレに立ったあと、作業場所に戻り椅子に座ろうとして転倒してケガしたケースだ。職場にいてもトイレに行ったときのケガは労災認定される。仕事中にトイレに立った社員が、清掃したばかりの滑りやすい廊下で転倒してしまい、腕にケガを負った。そんな場合は労災が認められる（注1）。

ケガがもっと仕事と結びついているケース、例えば、パソコンで作業中に熱いお茶の入った湯飲みを倒し、手に軽いやけどを負った。そんなケースならば現在進行形で仕事中と思える。しかし、トイレや水を飲むのに立った時間などは、仕事中なのかと疑問に思うかもしれないが、生理的な必要によるもので仕事を離れたものとはいえず、業務中とみなされるのだ。

その考え方が、在宅勤務中の自宅にもそっくりそのまま適用されるわけだ。

逆に労災と認定されないケースも、職場で働いているときと同じだ。職場で同僚と連れ立って、昼食時に社外の飲食店に足を運んだときにケガをした場合、労災とは認定されない。在宅勤務時に、お昼ご飯を買いに出たとき転んでケガをしても認定されない。仕事の合間に育児に手をとられ、腰痛になった、洗濯物を取り込むときに、転んでケガをした、というのも認定されない。これらは私的行為とみなされる。

なんとなく労災認定と非認定の感触がつかめてきたと思うが、もう少し普遍的なレベルまで遡《さかのぼ》ってみよう。

二つの基準

労災認定されるには二つの基準がある。一つは会社の管理・支配下で仕事中に発生したケガや病気であるかどうかだ。どんなイメージかと言うと、職場での仕事中はもちろんこれに該当するが、職場内での休憩中や出張中も入る。これを「業務遂行性」と呼ぶ。もう一つは、その仕事がケガや病気の原因になったかどうかだ。「業務起因性」と呼ぶ。トンネル掘削中に落盤が起きて死傷したケースは、明らかに業務起因性に当たる。

この二つの物差しから在宅勤務を見ると、社員は職場外で仕事しているのだが、上司の管理下にある。なので仕事に関連することでケガをすれば、自分の家でも労災と認定される。

しかし、仕事を離れて家事・育児やテレビの娯楽番組を見ていた場合は、私的な行為とされ業務遂行性は認められない。在宅勤務の場合、たとえ勤務時間中であっても日常生活との切り離しが難しい場合が多いので、事業主の指揮命令下に置かれていたのか、ケガが仕事に起因するものかどうか労基署の判断がより厳格になる可能性がある。そのため仕事していたことを示す証拠、ルールの送受信記録や業務報告の記録、パソコンのログイン・ログオフ記録などを確保しておいたほうがいい。

自宅には家族がいて仕事に集中できないと、ネットカフェ等で作業をすることもあるかもしれない。しかし途中で自転車にぶつけられてケガしたり、カフェ店内の階段で転倒してケガをしても、労災認定上は不利となる可能性がある。在宅勤務場所と定めた自宅を離れるので、実際に仕事をしていてもプライベートな行為とみなされるからだ。せめて上司に「これから自宅近くのカフェで仕事します」と連絡を入れておくといい。

基本は、仕事する場所と時間を私的な範囲からはっきりと区別しておくことだ。いつも決まった部屋で仕事し、業務開始時刻と終業時刻をきっちりと会社に報告することが望ましい。

コロナ感染で労災認定の場合も

最後に在宅勤務からは離れるが、新型コロナウイルスに感染した場合の労災認定について触れておこう。厚生労働省の「新型コロナウイルスに関するQ&A（労働者の方向け）」などによると、患者と接触する医師、看護師、介護従事者等は、原則として労災保険給付の対象となる。

そうした職種以外でも職場に感染者がおり、濃厚接触した場合のように感染経路が特定されるケースは労災認定される。さらに感染経路が特定できなくても、感染の可能性が高い職種、たくさんのお客さんと接する販売業務やバス・タクシー等の運送業務、育児サービス業務等の場合は、労基署が個別に調査、判断することになっている。

労災認定されれば、前述したように給与の8割は補償される。ただ、認定されなくても健康保険制度により、傷病手当金がもらえる。ただしこちらは給与の6割程度の支給となる。傷病手当金は新型コロナに限ったものではない。ほかの病気でももらえるのだ。

（注1）NIKKEI STYLE「勤務中のトイレ休憩時のケガ、労災認定2つの条件」
https://style.nikkei.com/article/DGXMZO8191518OU5A110C1000000/

第4章

テレワークの未来

テレワークの未来、働き方は変わるのか

コロナショックにより、やむを得ない状況で導入したテレワークは日本に定着し、われわれの働き方を変えるのだろうか。2、3章で述べてきた通り、テレワークを妨げる落とし穴は多いだけに、新型コロナが収束すればまた元に戻ろうとするドライブは強いだろう。

ただ今回は、初めて在宅勤務を経験した人たちから「継続したい」という声も強く、定着への追い風になっている。加えて準備なしで始めたことや、休校措置と重なったため在宅勤務のデメリットが際立ったことも差し引いて考える必要がある。

大震災きっかけにテレワーク

日本では、実は過去にもテレワークに転じるきっかけとなる出来事があった。2011年の東日本大震災である。震災により福島第1原発がメルトダウンを起こし、首都圏で計画停電が行われた。電力不足に陥り、節電に迫られ政府の電力需給緊急対策本部は

こんな文書を出している。

「節電のための単なる軽装化にとどまらず、休業・休暇の長期化・分散化やテレワーク（在宅勤務等）などを通じ、ライフスタイルの変革等を進めることにより、節電を図る」（「夏期の節電啓発について」5月13日、注1）。

もっともこの一節は、あまり知られていないか忘れているだろうが、企業の中にはこうした節電意識に加え、災害により社員が出勤できなくても仕事を続けられる「ＢＣＰ（事業継続計画）」の観点からテレワーク導入を検討する企業が出てきた。

情報処理・提供サービスのゾーホージャパンは、震災発生から2～3日で全社員が在宅勤務できるよう環境を整えた。政府の節電要請のはるか前だ（注2）。

当時の社長の迫 洋一郎氏によると、同社はソフトウエアを売る会社で、震災前はソフトをＣＤで宅配便で送っていたが、ソフトをＷｅｂサイトに置いて客がダウンロードする形式に変えた。社員は自宅にいてもソフトを届けることができるし、客への対応はメールでできた。最低3週間は在宅勤務を実施し、田舎に帰って2カ月在宅勤務した社員もいたそうだ。

その後いったんオフィス勤務に戻し、社員の意識改革が進んでから正式にテレワーク制度を導入したという。

東日本大震災のときの、「災害によりやむを得ず」というタイミングはコロナショックに似ているかもしれない。

当時、すでにインターネットの利用率は79・1％といまとそれほど変わらない（『令和元年版 情報通信白書』総務省）。メールは当たり前になっていた。ただし、Ｗｅｂ会議ツールのＺｏｏｍが誕生したのは２０１１年だから、存在すら知られていなかった。

さらにつけ加えれば、iPhone、Android スマホ、Twitter、Facebook は登場していた。ＬＩＮＥがサービスを開始したのは震災の年の6月だった。

ネットワーク環境だけを見れば、いまに比べると足りないものも多いが、テレワークをやればできる段階にあったかもしれない。ただ当時、対応策としてテレワークを思い浮かべることができた企業は少なかったに違いない。心理的に遠い存在だったのだ。ゾーホージャパンのような、テレワークを身近に感じていたＩＴ系企業だからこそ導入に踏み切れたのだろう。

「働き方改革」とテレワーク

次いで、安倍政権が推進してきた「働き方改革」もテレワーク導入のきっかけになったとか、「テレワークは、働き方改革の切り札」と言われたりする。改めて両者の関係を整理して、スッキリさせておこう。

まず大まかな時系列を確認しておくと、次の通りだ。

2016年9月27日　第1回「働き方改革実現会議」

同会議は安倍首相が議長を務め、学者、連合会長、経団連会長など24人が有識者メンバー。乳がん治療をしながら女優を続ける生稲晃子さんが加わり、話題となった。

2017年3月28日　第10回の同会議で「働き方改革実行計画」決定。

2018年6月29日　働き方改革関連法が成立。2019年4月1日から、時間外労働の上限規制（大企業）、フレックスタイム制の拡充などを順次、施行。

「実行計画」にテレワーク明記

これら改革への動きとテレワークとの関連は、働き方改革のロードマップと言える「働き方改革実行計画」の中に書かれている。テレワークは柔軟な働き方であり、多様な人材が能力を発揮できるとして副業、兼業と並び、「普及を加速させていく」と明記されているのだ（注3）。

テレワークの利用者は、子育て、介護を想定して書かれているが、急速に拡大しているクラウドソーシングを保護することを盛り込んでいるのは興味深い。

「計画」と同時に公表された「工程表」には、33ページ中テレワークに3ページ当てており、テレワーク導入のための補助金の連携、助成金の拡充や長時間労働にならないよう労働時間管理の推進について言及している（注4）。

クローズアップされなかったテレワーク

一方、2018年に成立した働き方改革関連法とテレワークの関連だが、あまり明確なものは見つからない。同関連法は労働基準法、労働安全衛生法など8本の労働法の改正を1本にまとめたものだが、法案審議の際クローズアップされたのは、「残業時間の上限規制」や「非正規と正社員の格差解消（同一労働同一賃金）」、「女性・労働者の就労促進」、「高度プロフェッショナル制度（高プロ）」などで、テレワークはあまり話題にならなかった。8法の中にはテレワークの名を冠する法律もない。

こうして見てくると、働き方改革がテレワークを強力に後押ししたようには見えない。しかし、働き方改革により企業が残業削減の号令を社内にかけたり、非正規社員の処遇改善、女性、高齢者雇用の拡大など、少なからず仕事のあり方を見直すきっかけを与えたのは間違いない。

テレワークも、子育てや介護で会社を辞めざるを得ない社員を引き留めるため導入を検討した企業もあるだろう。ある程度は追い風になった、そんな感触ではないか。

在宅勤務普及率は、わずか7％

こうしたテレワーク導入のきっかけとなる出来事は、約10年の間に二度あったが二度とも強いドライブをかけることはできず、テレワーク普及の伸びは鈍かった。

2018年9月末時点のテレワーク普及率は19・1％で、在宅勤務に絞ると全体の7

％にすぎなかった。また過去1年間にテレワークをやったことのある人は8・5％と、これも二ケタに満たない（『平成30年通信利用動向調査』総務省）。かなり少数派だった。

その風向きがコロナショックで一変したのは確かだ。これまでテレワーク、特に在宅勤務は子育てや介護のための制度、一部の社員に限る制度という認識が強かった。それが多くの社員が対象になったことで、意識も変わったのだろう。各種アンケートを見てもコロナショック終息後も、在宅勤務を続けたい、続けた方が良いとの回答が高い割合となっている。いまやテレワークに対する見方がコロナ前とひっくり返って、テレワーク肯定が多数派に転じたようだ。

「1割弱くらいが継続」

賛成派が増え、テレワークは日本企業にこのまま定着しそうに見えるが、専門家はそう見ない。

テレワーク研究者で東京工業大学環境・社会理工学院の比嘉邦彦教授は、「テレワークは3割弱くらいの企業で実施されているとみられるが、終息後にどのくらい残るかと言うと、私は1割弱くらいだろうと考えている。前々からやっている企業は継続するだろうが、（コロナ騒動で）慌てて導入した企業のうち続けるのは4～5％くらいではないか。個人的には、（実施企業のうち）全体の1割が残れば上出来だと思う」と予測する（注5）。

導入決定権を持つ経営者がテレワークに魅力を感じないと見ているわけだ。改めて経営者がテレワーク導入に期待する効果を確認しておくと、▽生産性の向上、▽社員の離職抑制、優秀な人材の確保、▽オフィス、通勤コスト削減などのコストダウン、▽台風などの災害時における事業継続計画（ＢＣＰ）などだ。

このうち生産性向上はすぐには目に見えて測れる成果が出にくいので、テレワークを止めてしまう動機になりやすい。比嘉教授は「導入当初の半年~1年は、従業員が新しい働き方や管理・評価体制に慣れるため、『まずは生産性が落ちなければトントンでいい』という準備期間として捉えるべきだと思う」と語る。

逆に短期的に成果が出るのがコスト削減だ。数字の上でもはっきりと効果が表れる。人手不足解消も1~2年で効果が出るという。「都内の企業でテレワークをしている企業では、そうでないところに比べて集まる人材の量、質ともに違ってくる。過去には採用で『在宅勤務可』を全面的に宣伝したところ、応募者が数十倍にも増えた企業の事例がある」(比嘉教授)。

逆に言えばコスト削減の余地があまりない企業や、人材獲得に期待していたほどの効果が出なかった企業がテレワーク継続を断念していくことになる。

ジョブ型雇用は日本に根づかない？

テレワークを維持するには雇用スタイルをジョブ型への転換が必要と言われる。ジョブ型雇用とは3章でも少し言及したが、一人ひとりの仕事の範囲を決めておくスタイルで、「仕事に人がつく」。欧米ではこれが一般的な働き方だ。

一方、日本ではメンバーシップ型雇用と呼ばれるスタイルで、新卒一括採用が典型だが、先に人を採用してから仕事を割り振る。「人に仕事をつける」ので、働いている部署が統合・消滅しても他の部署に配置換えされる。

しかし、最近日本企業の間ではメンバーシップ型の限界が意識され、日立製作所、富士通、資生堂などがジョブ型を採用し始めている。テレワークには、「自分がどう評価されているかわからない」という社員の不安が強い。その不安を解消するには、成果主義の導入が手っ取り早い。しかし成果を測定するには、一人ひとりがやるべき仕事の内容を定めておかねばならず、すなわちジョブ型が成果主義の前提となるのだ。では長くメンバーシップ型に慣れてきた日本にジョブ型が定着するだろうか。

同志社大学政策学部の太田肇教授は、「かなり懐疑的だ」と言う（注6）。

太田教授は3つの理由を挙げている。第1に「ジョブ型は労働移動を前提にしている」が、日本は労働市場が流動的ではない点だ。「仕事に人がつく」ジョブ型の場合、ある仕事が不要になれば人も解雇することになる。転職して仕事が得られればいいが日本のように終身雇用社会だと、転職しにくく失業者が増えてしまう、ということだろう。

第2に「とりわけ中小企業などには特定の職務だけこなせる人材より、複数の仕事をこなせる『多能工』的な人材を求めているところが多い」。これは社員数の多い大企業と違い、中小企業にはありがちなことだから、ジョブ型を採用する気にはならないだろう。

第3にジョブ型は、「ある意味で安定した経営環境を想定しており、柔軟性に欠ける面がある」という。しかし、技術もビジネス環境も変化が激しくなったいま、それは「致命的な欠点」と太田教授は指摘し、「その点だけでいえば、仕事内容や仕事の割り振りを自由に変えられる『メンバーシップ型』のほうがむしろ優れている」と言う。

こうした理由から一部大企業を除いて、「大多数の企業にとって『ジョブ型』雇用はリスクが大きすぎて、特定の職種にしか取り入れられないのではなかろうか」と結論づけている。

アフター・コロナのテレワーク

これら専門家の意見を踏まえて、アフター・コロナにおける日本のテレワークの状況を独断で推測するに、ＩＴ系の仕事（システムエンジニア、プログラマー）を抱える会社は、完全在宅勤務化など積極的にテレワークを図るだろう。Ｗｅｂデザイナー、ライターもそうだ。基本的には、成果にもとづいて仕事するスタイルが定着する。

その一方で、多くの会社は従来のメンバーシップ型を続けながら、一部をテレワーク化する方向に向かうのではないか。一見テレワークに適していないように見える営業の仕事も、自宅で資料作成などして顧客に直行し、仕事を済ませたら帰宅して一度も会社には行かないというスタイルを定着させるかもしれない。

総じてみると、通勤電車の混雑は若干緩和され、夜の居酒屋もやや客が減る、家族と過ごす時間がやや増える、と「若干」「やや」の変化が起きそうだ。

フリーランスの登場

最後に、労働の場の新しい変化であるフリーランスの増加について取り上げよう。「会社に頼らない新しい働き方」などともてはやされるが、その一方で、「一部を除いて、デジタル日雇い」になると見る専門家もいて評価が定まっていない。しかし企業も働く者も無視できないほどの存在になってきたので知っておきたい。テレワークと密接不可分な仕事スタイルであることは言うまでもない。

約5%がフリーランス

フリーランス人口は、2019年7月に内閣府が発表した調査によると、306万人から341万人程度と推計している。341万人のうちフリーランスが本業の労働者が228万人、会社員の副業が112万人との推計で、国内の就業者全体の約5%を占める（注7）。

初めての公的調査なので過去との増減を比較できない。しかし調査をよく読むと、「雇用的な形態にある自営業主はむしろ増えており、フリーランスの増加の可能性がうかがえる」と書かれており、「ここから、フリーランスの動向把握の重要性がうかがえる」(注8)とフリーランスの増加を推測し、その存在を重視している。

「雇用的な形態にある自営業主」とは「特定の発注者に依存する自営業主」を指し、いつも決まった企業から仕事の発注を受ける個人のことだろう。その数が1985年の128万人から2015年の164万人へと増加し、自営業主全体に占める割合は18・7%から41・5%へと大幅に増えている。自営業主が激減(1985年682万人→2015年396万人)しているのとは対照的な増え方に内閣府も注目したわけだ。

またクラウドソーシング仲介大手、ランサーズの調査ではフリーランスを1034万人と推計している(2020年、注9)。2015年の調査では、913万人だったので増えているのがわかる。

内閣府の推計と大きく差があるのは、ランサーズの調査は会社員による副業も算入しているからのようで、同社は「広義フリーランス」と表現している。

フリーランス増加の背景

こうしたフリーランスが増えている背景について、日本政策金融公庫総合研究所の藤井辰紀氏は4つの構造的変化があるという（注10）。

第1に、「企業がすべてを自前で開発して生産しようとすれば、時間がかかり競争から取り残されかねない」ので外部の力を借りるようになった。また、「均質的な組織では新しいアイデアは生まれにくいため、一部の企業は社員の副業を解禁し、外部との交流を促すことで、イノベーションを誘発しようとしている」。

第2に、「働くことに関する意識の変化」だ。「リモートワークや副業（複業）など新しい働き方を取り入れる人たち」が出てきて、結婚や出産で退職した女性や定年退職したシニア層が、フリーランス予備軍となっている。

第3に、「企業への帰属意識の低下」だ。「終身雇用や年功賃金の崩壊、人材育成のコスト削減、同一労働同一賃金の広がり」と状況が変化し、企業にすべてをささげるインセンティブは失われてきた。

第4に、「技術の進歩」だ。「インターネットの普及と、スマートフォンやクラウドの登場により、いつでもどこででも仕事を進めることができるようになった」。

これらに加え、コロナショックは人々に収入減をもたらし、その分を補うため副業に走るフリーランスを増やした。フリーランスと企業を仲介するランサーズや同業のクラウドワークス、ココナラ、うるるの大手4社への登録者が増え、5月末時点で累計約700万人と昨年末より約15％増となった（注11）。

ジョブ型雇用の崩壊？

このフリーランスという新しい労働形態の登場は、労働の場に大きな変化をもたらすという見方が出ている。2年前に労働政策研究・研修機構の濱口桂一郎労働政策研究所長が、対談の中でこんな話をしている（注12）。

情報通信技術の発達で欧米では、「ジョブ型雇用でなくともスポット的に人を使えば物事が回るのではないかという声が急激に浮上している」。つまりジョブ型雇用により、きちんと決められた一定の仕事をその都度、人を調達して回していこうというのである。対談の中でフリーランスという言葉は使われていないが、「その都度、人を調達する」のはフリーランスか副業の社員ということになる。「ギグワーカー」とも呼ばれる。

濱口氏は、典型的なイメージとしてウーバーを例に挙げる。これまでタクシードライバーは、タクシー会社に雇われて普通に生活が設計できる程度の報酬をもらって一定の長期間働いてきた。「ところが運転して人を運ぶというタスク自体は変わらなくてもウーバー型になればタクシードライバーというジョブがなくなる」。

働く側としてはジョブがなくなったら自分たちはどうすればいいのかという危機意識が強まり、右往左往している状況だという。

濱口氏は、「これまで欧米で１００年間にわたり確立してきたジョブ型の労働社会そのものが第４次産業革命で崩れつつあるかもしれない」と、情報通信技術の発達が労働の場にもたらす革命的変化を感じとっている。

法的保護が不十分

ただし「一部の本当のプロフェッショナルの人と、あとはデジタル日雇い労働者になってしまう」と濱口氏が言うように、新しい働き方が労働者に幸をもたらすとは限らない。

『フリーランス白書2020』によると、フリーランスの6割がパワーハラスメントを、4割がセクシャルハラスメントを受けたことがあるという。もともと企業に対して個人で対応するため、立場が弱いうえ法的保護が十分ではないからだ。雇用契約によらない働き方なので、労働基準法の労働者に該当せず同法の適用外になる。厚労省は「雇用類似の働き方」と呼んでいる。

労働基準法に代わってフリーランスを守るのは、独占禁止法や下請け事業者保護のための下請法になる。公正取引委員会は企業に対し、不当に低い報酬、成果物の受領拒否・合理的な理由のない利用の制限、過大な競業避止義務（所属する企業の不利益となる競業行為をやらない義務）などがある場合には、優越的地位の濫用等の独占禁止法上の問題になり得る旨を周知するなどしている（前掲注8）。だが、全国に労働基準監督署を置く厚労省に比べ、公取委は組織がはるかに小さい。監視の目が行き届くとは思えない。

外部の知恵を借りる企業

日本ではまだ全就業者数の5％程度しかフリーランスはいないが、その労働力活用に取り組み始める企業も出てきた。トイレタリーのライオンは、フリーランスそのものではないがほかの企業の社員などを対象に、副業で働く人を公募し始めた（注13）。

日本経済新聞によると、手始めに同社は新規事業立ち上げのために5人程度を採用し、新規事業の育成を急ピッチで進める。ライオンが個人と業務委託する契約として、リモートワークＯＫ、週1日勤務でもＯＫで、報酬は経験や勤務日数に応じて個別に決めるという。

どこの企業もこうした制度を始めたら、複数の企業をかけ持ちする新しい働き方が広がるかもしれない。

コロナショックによる意識変革

日本流のメンバーシップ型雇用であれ、欧米流のジョブ型雇用であれ、違いはあっても根っこのところは同じだった。どちらも大半の人が会社や店舗に所属する従業員となって働き給与を受け取る、という雇用スタイルだった。

会社は倒産することもあるし不満も尽きないが、働く者におおむね安定的な生活を保障してくれた。会社も安定的に収益をあげることができた。会社も従業員も自ら変化する必要はなかった。しかし、外部環境の変化が従来の会社のあり方を許さなくなった。また情報通信技術の発達が、これまでは会社に難しかった変化を容易にしてしまった。働き方の多様化も時代の要請だろう。

世界の会社がいま、そうした変化の狭間にあり、対応へのスピードでいろいろと違いが出始めている。コロナショックで在宅勤務を体験し、仕事観を変えた人も多いはずだ。その意識変革は目には見えないが、ジワジワと会社のあり方を変える力となっていくのではないか。

（注1）「夏期の節電啓発について」
https://www.kantei.go.jp/jp/singi/electricity_supply/0513_electricity_supply_02_02.pdf
（注2）Fledge「東日本大震災から2日後に始めた全社在宅勤務の今　ゾーホージャパン株式会社」

https://fledge.jp/article/zohojapan-2

（注3）「働き方改革実行計画」15ページ
https://www.kantei.go.jp/jp/headline/pdf/20170328/01.pdf

（注4）「働き方改革実行計画・工程表」
https://www.kantei.go.jp/jp/headline/pdf/20170328/02.pdf

（注5）ITmediaビジネス「コロナ後、テレワークは結局『無かったこと』になるのか」
https://www.itmedia.co.jp/business/articles/2005/28/news035.html

（注6）日経BizGate「『コロナ後はジョブ型雇用』に落とし穴 日本企業は自営型で」
https://bizgate.nikkei.co.jp/article/DGXMZO6001360005062020000000/?n_cid=TPRN0002

（注7）日経新聞「フリーランス３００万人超　内閣府初推計　就業者の５％」https://www.nikkei.com/article/
DGXMZO47729060U9A720C1EE8000/

（注8）内閣府「日本のフリーランスについて」20ページ、5ページ
https://www5.cao.go.jp/keizai3/2019/07seisakukadai17-0.pdf

（注9）「ランサーズ フリーランス実態調査 ２０２０年度版」
https://speakerdeck.com/lancerspr/huriransushi-tai-diao-cha-2020?slide=9

（注10）日経BizGate「注目されるフリーランス、その光と影とは?」
https://bizgate.nikkei.co.jp/article/DGXMZO3793238019112018000000

（注11）日本経済新聞「日本のギグワーカー１００万人増 20年上半期」
https://www.nikkei.com/article/DGXMZO60710750T20C20A6EA2000/

（注12）リクルートワークス研究所・濱口桂一郎氏「メンバーシップ型・ジョブ型の『次』の模索が始まっている」
https://www.works-i.com/column/policy/detail017.html

（注13）日本経済新聞「ライオン、副業人材公募」
https://www.nikkei.com/article/DGKKZO59982690U0A600C2MM8000/

第5章

テレワークガイドブックの道案内

テレワーク導入のための手引書

テレワーク導入や運用中に様々な疑問が浮かんでくるだろうが、そんなときに知恵を授けてくれるガイドブックや資料はネット上にたくさん見つかる。ただ求めている知識がどこに書かれているのかわかりにくい。そこで厚生労働省、総務省、日本テレワーク協会が公表しているものを中心に、どんなことが書かれているかを紹介しよう。道案内として役立てれば幸いである。

ガイドブック名と公表元で検索すれば、上位にヒットして出てくる。例えば「厚労省テレワーク導入のための労務管理等Q＆A集」などと検索すればいい。

【導入への手引書】

テレワーク導入の際に全般的なことを知るには、厚労省の「**テレワークの導入・運用ガイドブック**（**テレワークではじめる働き方改革**）」（2016年、96ページ）がいいだろう。教科書的な存在だ。テレワークを導入するまでの計画の作成から始まり、労務管理やＩＣＴ環境の整備の仕方、セキュリティ対策まで、考えておかねばならない事柄を列挙してアドバイスしている。

導入によって経営上、どんな効果があったのかを測る指標（顧客対応、情報処理力、コスト、人材確保・維持）や改善の仕方まで、さらっと触れるなどテレワークの一から十までカバーしている。（このガイドブックは検索で出にくいので、厚労省の「テレワーク総合ポータルサイト」にアクセスした方がいい。アクセスした画面の「関連情報テレワークに関する資料を入手したい」をクリックすると一番上に出てくる）。

総務省の「**情報システム担当者のためのテレワーク導入手順書**」（２０１６年3月、69ページ）は、テレワークの全体像を把握するにはどうすればいいか、セキュリティ対策、ルールの整備、ＩＣＴ環境の整備などを説明している。「情報システム担当者のための」と銘打ってあるが、内容はそれほど専門的ではなくシステムの知識のない社員でも理解できる。

【労務に関する手引書】

会社に社員が来ないテレワークは、会社にとって社員の管理方法を変えねばならないし、社員も会社がどう人事評価するのかを知っておかねばならない。

厚労省の「**テレワーク導入のための労務管理等Q&A集**」（29ページ）は、会社の人事・労務担当者向けのガイドブック。Q&Aの形式なのでピンポイントで、知りたい個所をピックアップできる。

「Q」には具体的な疑問が並んでいる。こんな感じだ。

「テレワークで行う業務をどのように選定すればよいでしょうか？」

「テレワーク導入にあたって、就業規則を変える必要がありますか？」

「テレワーク実施時の労働時間をどのように管理すればよいでしょうか？」

「労働者の都合に応じた所定労働時間の変更は可能でしょうか？」

「テレワーク実施時の業績等に関する人事評価はどのように行えばよいでしょうか？」

「テレワーク実施の際に要した通信費・水道光熱費などの費用は会社が負担すべきでしょうか？」

「A」は具体的な回答もあるが、一般的な説明に終わっているものもある。

厚労省の「**テレワークにおける適切な労務管理のためのガイドライン**」（27ページ）は、テレワークの労務管理について系統立てて説明している。ポイントが簡潔に記されているので、人事・労務担当者でなくても一般社員にも理解しやすい。労務管理を概観するのに便利なガイドブックだ。

「労働基準法の適用に関する留意点」の節では、仕事の合間に買い物に行ったりする「中抜け時間」や事業場外みなし労働時間制、時間外・休日労働の取り扱いなどについて説明しており、それに続く「長時間労働対策について」「労働安全衛生法の適用及び留意点」「労働災害の補償に関する留意点」の各節でも、それぞれのポイントを取り上げている。

在宅勤務の導入により、労働時間などの労働条件が変更される場合は就業規則を変えなければならない。厚労省の**「テレワークモデル就業規則～作成の手引き～」**（26ページ）は、そんなときに就業規則のひな型を紹介しているので、人事・労務担当者にとってはありがたい1冊だろう。テレワーク勤務時の労働時間や休憩、賃金・費用負担など一般社員にも関心の深い項目から、テレワーク勤務の定義やサテライトオフィス勤務の利用申請の規定例までキメ細かく網羅している。就業規則作成に特化した1冊である。

【セキュリティに関する手引書】

テレワークでの情報漏えいなどを防ぐための対策をまとめたのが、総務省の**「テレワ**

ークセキュリティガイドライン第4版」（2018年4月）。61ページと分量が多く内容も濃い。最初に「情報資産を守るためには、『ルール』・『人』・『技術』の三位一体のバランスがとれた対策を実施し、全体のレベルを落とさないようにすることがポイントとなります」とセキュリティ対策に必要な基本的な考え方を示している。

全体を通して、「経営者が実施すべき対策」「システム管理者が実施すべき対策」「テレワーク勤務者が実施すべき対策」とそれぞれの立場でやるべきことを明示しており、実践的。2章の「セキュリティ対策のポイント」の節で、このガイドラインをかなり引用したので、ここでは個々の内容については書かずに全体の構成を紹介しよう。

最初に「テレワークにおける情報セキュリティ対策の考え方」を前ぶりとして置き、本論の「テレワークセキュリティ対策の解説」では、▽マルウェアに対する対策、▽端末の紛失・盗難に対する対策、▽重要情報の盗聴に対する対策、▽不正アクセスに対する対策、▽外部サービスの利用に対する対策、と個々の脅威を取り上げている。

【ICTツールの手引書】

日本テレワーク協会の「**テレワーク関連ツール一覧4・0版**」（2019年5月、45

ページ）は、テレワークの導入に必要なコミュニケーションツール（Ｗｅｂ会議ツール、情報共有ツールなど）や管理ツール（勤怠管理ツール、在席管理、業務管理ツールなど）を紹介している。具体的な製品名がたくさん出てきて、価格も示しているのでテレワーク推進担当者にとっては、非常に参考になるガイドブックだろう。

例えばハードディスクドライブの暗号化については、「WindowsではBitLockerもしくはＥＦＳの機能で、ＭａｃではFileVaultの機能でＨＤＤの暗号化が可能。ＮＥＣ、Lenovo、富士通、東芝、ＤＥＬＬ、ＨＰ、Panasonic等から発売されているセキュリティチップを内蔵したノートＰＣでは、チップの機能により暗号化が可能」と説明が驚くほど丁寧だ。

一般の社員にとっては正体不明のシステム自体についてもリモートデスクトップ、仮想デスクトップといった方式に使う製品を明らかにし、比較しているので視界を開いてくれる。

同じ日本テレワーク協会の「**中堅・中小企業におすすめのテレワーク製品一覧2・0版**」（10ページ）は、「テレワーク関連ツール一覧」の縮約版。

【テレワーク先進企業の事例】

ほかの企業はどのようにテレワークを導入し、運用しているかを知るには総務省の「**テレワーク情報サイト**」にある「**導入事例検索**」がおすすめだ。検索カテゴリーが多様なので、目指すタイプの企業が探しやすい。

まず「業種」では、情報通信・システム、金融、流通、運輸・物流、サービス、製造、その他の選択肢がある。地域（北海道から九州・沖縄まで8地域）、人数・規模（1～50名、51～100名、100名以上、1000名以上）があるのは普通だが、導入目的、キーワードでも検索できる。

導入目的は業務の生産性向上、通勤・移動時間短縮、非常時の事業継続（BCP対策）、ワークライフバランス向上、優秀な人材確保、コスト削減とあり、キーワード的な言葉で選択できる。キーワードも在宅勤務、モバイルワーク、サテライトオフィス、VPN接続、クラウドサービス、ウェブ会議・チャット、長時間労働対策とキメ細かいのだ。企業一覧のページで特定の企業を探すこともできる。316件があいうえお順、ABC順に掲載されている。

厚労省のポータルサイトにも導入事例のページがあるが、総務省の方が充実している。

ただデータの更新は遅いようだ。

総務省の「**働き方改革のためのテレワーク導入モデル**」（2018年6月、48ページ）は、導入企業の事例を紹介しているが、ただ事例を並べるだけではなく、テレワーク導入、運用する際に直面する課題（AからHまで8課題）を提示し、それを克服した企業を紹介するという実践的な構成になっている。例えば課題B〝「食わず嫌い」な層への対応〟では、こんな風に書かれている。

「この業界はそもそもテレワークには向いていない」「目の前に部下がいないと仕事をしているか不安」「部内で自分だけやるのは何となく気がひける」など「食わず嫌いな層」がいることで、経営層や従業員の要望があっても全社的に浸透しない可能性がある。ましてやそれが役員や部長層ならば、部門単位でテレワークの浸透が阻害される恐れがある。この課題を克服した実例として、日本取引所グループと北都銀行が挙げられている。

日本取引所グループでは、「2016年度に120名が在宅勤務をトライアルを実施。部長クラスは全員実施を必須とし、各部で管理職と非管理職を数名ずつ選定。効果を認める声が大半を占めたため、2017年度から本格導入」につながった。説明が具体的で、実際に役立ちそうなガイドブックだ。

テレワークの先進事例として紹介される企業は、厚労省の「テレワーク推進企業等厚生労働大臣表彰（輝くテレワーク賞）」（2015年度～）、総務省の「テレワーク先駆者百選」（2015年度～）、日本テレワーク協会の「テレワーク推進賞」（2000年度～）を受賞した企業が多い。過去の各賞の受賞企業事例集は、「**テレワークお役立ち情報総まとめ**」という日本テレワーク協会のサイトから飛べる。

テレワーク先進企業の事例

在宅勤務などを早くから導入している企業3社を紹介する。人事評価を成果主義に変えたカルビー、テレワークになじまないと思われる建設業の中小企業・向洋電機土木、パソコンを強制シャットダウンする大同生命保険の3社だ。

先進企業1　カルビー

「かっぱえびせん」でおなじみのカルビー（東京都千代田区、従業員約4000人）は、10年前から育児・介護などで仕事を続けるのが難しくなった人も働けるような制度・風土づくりに取り組んできた（以下の記述は、厚労省平成27年度「輝くテレワーク賞事例」などに拠る。その後、変化している個所があるかもしれません＝注1）。

2014年に在宅勤務導入

カルビーは2010年に、本社オフィス移転の際に本社全部門を対象としたフリーアドレスを導入し、上司・部下が目の前にいない働き方が定着した。フリーアドレスとは、社員が個々の自席を持たず自由に席を使うスタイルだ。2011年にはモバイルワークを導入し、営業職の直行直帰スタイルが定着し、本社では残業時間削減のためサマータイムも導入した。

こうした助走期間を経て、在宅勤務制度を2014年4月から全国の事務間接部門の従業員を対象（上司が認めた者は誰でも）に実施するようになった。トップからは「効率的に働くこと」「Office is the most dangerous place」「現場に出ろ」といったメッセージが発出され、会社で長時間働くこと、会社に在席することを〝良し〟とせず、場所を選ばす、効率よく働き、余った時間を自分への投資に使うことが奨励された。

2015年7月には、本社管理職に対して積極的に在宅勤務を推奨し、最大週2日だった在宅勤務を3日以上もＯＫとした。

評価は成果主義に変更

在宅勤務は前日までに口頭、メールで上司に申請し、併せて業務内容についても伝える。終業したら翌日までにメールで勤務の結果を報告する。各自のスケジュールもオープンにし、パソコン上でスケジュールが確認できるようになっている。

テレワーク運用での難題である人事評価は、プロセス評価から成果主義に変更した。営業部門は売上と利益の計画達成のみで評価。間接部門もなるべくデジタルな目標を立て、その達成率に応じてインセンティブ（一時金）が支払われる。一般従業員は人事考課がなく、基本給はある年齢までは定期昇給で、それを超えると業績評価により賞与で年収を稼ぐ仕組みとしている。課長以上の管理職は年俸制で、年に一度成果に応じてインセンティブが支払われる。結果が出せていなければインセンティブが0円という可能性もある。

40代女性のケース

同社で生産管理の仕事をしている40代女性は、月に数回工場などへの出張がある忙しい身だが、月に2、3回在宅勤務をやっている。小4、小2、5歳の三人の子供がいるため、通常の出社日も6時間の短時間勤務にしているが、在宅勤務日は6時間を少しオーバーして働いている。それでも通勤に往復2時間かかるため、出社日に比べ在宅勤務日は子供と過ごす時間が増え、買い物もゆっくりと時間をかけられるようになったという。

さらに進化させるか

同社の伊藤秀二社長は、コロナショックが起きてからの最近のインタビューで、モバイルワーク（テレワークと同義と思われる）を早くから導入していたが、「こういう状況になってみると、実際はちゃんとできていなかったなと感じます」と語り、モバイルワークをやれる雰囲気は何となくつくっていたが、それだけでは駄目で「何のためにするのか、本質的なところまで考えなければなりません」とテレワークを進化させる方策を考えているようだ（注2）。

（注1）https://www.soumu.go.jp/main_sosiki/joho_tsusin/telework/furusato-telework/search-case/category-6/tag-1.html 総務省「テレワーク情報サイト」→「導入事例検索」→「導入事例企業一覧」→（あいうえお・ABC順）で、カルビーを探す。

（注2）『日経ビジネス』2020年4月6日号

先進企業2　向洋電機土木

向洋電機土木（横浜市南区、従業員約40人）は、テレワークになじまないと思われがちな建設業ながら10年以上前からテレワークを導入し、業績を伸ばしている企業として知名度が高い。建設業メディアや地元メディアでは、よく取り上げられている（以下の記述は総務省平成28年度「テレワーク先駆者百選事例」などに拠る。その後、変化している個所があるかもしれません＝注1）。

工事現場から自宅に直帰

同社は電気設備の設計や施工を手がけている。自治体が管理するスポーツ施設や公園、サッカースタジアム、マンション、商業施設などの照明設備の新設や改修を行っている。社員は会社から配布されたノートパソコンやタブレット端末、スマートフォンを使ってテレワークに取り組む。プライベートなＩＴ機器の使用は認めていない。

工事現場に出た社員は設備施工の仕事が終われば、その場でパソコンなどを使って報告書を作成、送信すれば会社に寄らず社用車で自宅に直帰する（注2）。

入念な準備

初回テレワークを開始する前には、面談とエゴグラム（性格診断法）やソーシャルスタイル分析（性格分析手法の一つ）を実施して、社員の性格などを見極めながら実施しているというから丁寧だ。

さらに本人の了承を得て、勤務場所となる自宅の住居形態や設備状況の現地確認を行うという念の入れよう。そうした準備段階で納得がいかず、在宅勤務を承認できない場合はその理由とともに改善方法やレクチャーを行い、実施に向けてサポートしていく。

テレワークの事前申請時には仕事の内容等を総務課長に説明し、総務課長は本人の状況を考慮したアドバイスを行っている。例えば在宅勤務時には、「納期が短い」「責任が重い」等の業務は不適切としている。

コストダウン、労働時間削減

テレワークの導入によってコストダウンが実現し、労働時間も大きく減った。

２００８年度と２０１４年度で比較すると、社員数が４人増加したがガソリン消費量は３万４０００㍑から３万１８００㍑に削減、本社電力では３万２０００キロワット時から２万５５００キロワット時に削減、労働時間平均は２１００時間が１８５０時間に削減された。移動時間の短縮に伴い車両の運転時間が減り、精神的にも体力的にも余裕が出来るようになり、車での無事故・無違反が達成されるようになり車両の任意保険は70％削減となった。

業績は向上

会社の業績も上昇している。もちろんすべてがテレワークのせいとは言えないが、２００８年度と２０１８年度を比較すると、売上高は約８億円が約16億円に、社員数は20人が39人に増えた。ちなみに男性職場と思われがちな建設業だが、同社は社員全体の３分の１に当たる13人が女性というのも特徴的。

人材採用も知名度が上がったせいであろう、全国から応募があり実際に北海道、富山、沖縄出身者の採用実績があるという。

（注1）https://www.soumu.go.jp/main_sosiki/joho_tsusin/telework/furusato-telework/search-case/category-6/tag-1.html総務省「テレワーク情報サイト」→「導入事例検索」→「導入事例企業一覧」→（あいうえお・ＡＢＣ順）で、向洋電機土木を探す。

（注2）この個所の記述は、『日経クロステック』２０１９年5月7日
https://xtech.nikkei.com/atcl/nxt/info/18/00001/02080003/

先進企業3　大同生命保険

大同生命保険（内務職員約3100人、営業職員約3800人）は昨年秋、厚生労働省の2019年度「輝くテレワーク賞」で、ただ1社だけの優秀賞に選ばれた。同社は2018年度に日本テレワーク協会の「テレワーク推進賞」優秀賞を、2017年度に総務省の「テレワーク先駆者百選」総務大臣賞を受賞しており、テレワーク推進企業として実績ある企業だ。

パソコン自動シャットダウン

同社はメリハリのある勤務を通じた生産効率の高い働き方を目指し、午後8時にパソコンが自動シャットダウンする「リミット20」の導入や、2013年度にはタブレット端末「エース・ウィズ」を7000台配備。すべての営業担当者に配られ、端末から申し込み手続きができるようにして、書類への記入、押印などを大幅に削減した。申し込み手続きデータは端末から直接送信することで、担当者は職場に戻らず自宅へ直帰できる。現在、退社時間はスタッフ層は19時、管理職は19時半までとなっている。そして、２０１４年度から在宅勤務制度を導入した（注）。

これまでに育児・介護中の社員のほか、通勤時に負担の大きい妊娠中の女性らを中心にのべ１５００人以上が利用している。２０１８年10月には、支払いの査定を担当する部門などで働く社員のために神戸にサテライトオフィスを設けた。こうした業務は大阪本社に集中し、在宅勤務の対象外になるからだ。

導入に当たっては「初めから完璧を求めず、できることから始める、社内資源を有効活用し、お金はできるだけかけない、しかし、情報漏えい対策だけは万全を施す」を原則とした。生命保険会社は保険加入者の個人情報を扱うため、情報漏えいに万全の備えが必要で、当初は慎重を期して在宅勤務の対象業務を限定した。

残業時間半減

こうした取り組みの結果、２０１８年度の一人当たりの月平均残業時間は、労働時間縮減の取り組みを本格的に開始した２００８年度に比べ半減した。一方、契約業績面では保有契約高は２０１７年3月末が40兆９９２２億円だったが、２０１９年3月末は47

兆1460億円と順調に推移している。

（注）「大同生命保険のテレワークと働き方の刷新」
https://kagayakutelework.jp/seminar/2019/pdf/osaka01/inaba190719.pdf

あとがき

この本は、調査、執筆についてはほぼ在宅勤務だけで為し終えた。一人ではとても集めきれない情報も、ネットを渉猟《しょうりょう》すれば自宅で手に入る。かつては海外の新聞を読みたいときは、大きな図書館へ行ったものだ。しかも何年も前の記事なんて、まず入手不可能だった。それが、いまは検索すれば読むことができる（有料だが）。

5章で紹介したガイドブックの数々も、ネットがなければその存在を知るだけでも相当時間がかかる。入手するには電車に乗って大型書店へ行かねばならない。見つからず、書店を渡り歩く可能性もある。昔はそんな時間も仕事時間と思っていた。いや、思い込んでいた。いまは無駄な時間としか思えない。

とまあここまでは、インターネットが巻き起こした情報革命とその波及と捉えることができるかもしれないが、いまに始まった話ではない。

しかし、インターネットをはじめとする情報通信技術の発達は、そこでとどまらなかった。たとえば、4章でも例として出したが、タクシードライバーの仕事を奪ったウーバーを生んだ。近年、注目されているギグ・エコノミー、フリーランスの登場だ。インターネットの情報革命の側面は、政府、マスコミが独占していた情報を一般市民に解き放ったから革命と呼ぶにふさわしいが、この動きは革命とは呼びたくない。

ただフリーランスは、働く者を会社の束縛から解き放つ面もある。在宅勤務になって、往復の通勤時間を自由に使える経験をしたりすると、フリーランスの気持ちに一歩近づくだろう。今回のコロナショックは社員の意識を変え、フリーランス予備軍を増やしたかもしれない。

ネット、オンラインの活用はビジネス形態も変えてしまった。無観客ライブなんてありえなかったが、サザンオールスターズのライブは、約18万人が有料配信を楽しんだ。業界の常識を覆してしまった。

アフターコロナの世界について、いろいろと語られているが、こうして見てくると情報通信技術の存在価値がますます高まり、ビフォーコロナ以上に、そこを軸に展開していくことになるのではないか。

自分の名前で本を出すのは、今回が初めての経験だった。執筆の貴重な機会を与えていただき、大空出版の加藤玄一社長には、心より感謝とお礼を申し上げたい。

そして、本書が参照、引用した記事、論文を執筆した方々（官公庁も含め）と掲載メディアにも深く感謝したい。公開された良質な情報こそ、未来への道を照らす灯りと信じている。

小林 剛（こばやし・つよし）

1953年東京都生まれ。早稲田大学政経学部卒、同大学院政治学研究科中退。1978年毎日新聞社入社、福井支局、神戸支局、大阪経済部、東京経済部、週刊『エコノミスト』編集部などで勤務。現在、ライター等。

ブログ
「Kobaちゃんの硬派ニュース」
https://kobachannews.net/

テレワークの「落とし穴」とその対策

2020年8月20日　初版第1刷発行
2020年8月27日　　　第2刷発行

著　者　小林剛
発行者　加藤玄一
発行所　株式会社大空出版
東京都千代田区神田神保町3-10-2　共立ビル8階　〒101-0051
電話番号　03-3221-0977
URL　https://www.ozorabunko.jp

編　集　三井佑馬
校　閲　澤木裕子
デザイン　竹鶴仁恵

乱丁・落丁本は小社までご送付ください。送料小社負担でお取り替えいたします。
ご注文・お問い合わせも、上記までご連絡ください。

ISBN978-4-903175-95-9 C0034